운명의 바람 소리를 들어라

운명의 바람 소리를 들어라

신지학 3대 기본서로 떠나는 '마음 여행'

헬레나 P. 블라바츠키 | 지두 크리슈나무르티 | 마벨 콜린스 지음
스로타파티 옮김

_____ 님에게 드립니다.

한 권의 책이
당신의 인생을 바꿀 수 있습니다.

일러두기

1 『운명의 바람 소리를 들어라』는 신지학의 3대 기본서라고 알려져 있는 헬레나 페트로브나 블라바츠키의 『침묵의 소리(The Voice of the Silence)』, 지두 크리슈나무르티의 『스승의 발아래서(At the Feet of the Master)』, 마벨 콜린스의 『도의 길잡이(Light on the Path)』를 기획상 한 권으로 묶은 것이다.

2 '스승의 발아래서(At the Feet of the Master)'는 스승의 문하생으로 들어가서 가르침을 받는다는 의미다.

3 '알시오네(Alcyone)'는 지두 크리슈나무르티(Jiddu Krishnamurti)의 어릴 적 이름이다.

4 「도의 길잡이」는 동양의 지혜를 모르는 사람들과 그 지혜의 감화를 받고자 하는 사람들이 혼자 사용할 수 있도록 쓰인 짧은 글이다.

5 인류의 위대한 스승이었던 부처와 그리스도는 직접 저서를 남긴 것이 아니라, 제자들이 받아 적은 경전을 통하여 인류에게 심오한 진리를 전해주었다. 마찬가지로 이 책에 등장하는 여러 스승들 역시 일종의 '의식적 통로'라 할 여러 제자들을 통하여 우리에게 지고의 지혜를 전해주고 있다.
『도의 길잡이』 서문에 등장하는 힐라리온 대스승 역시 마벨 콜린스에게 이런 가르침들을 전해주었다. 마벨 콜린스 역시 그러한 통로 가운데 하나였다. 진리는 때로는 이런 방식으로 인류에게 전승되었다고 한다.
한편, 『도의 길잡이』의 서문은 저자인 마벨 콜린스가 아니라, C. 지나라다사(JINARADASA), 즉 국제 신지학회 이전 회장이 썼다.

디오니소스
프로젝트

책읽는귀족은
『운명의 바람 소리를 들어라』를
열두 번째 주자로 '디오니소스 프로젝트'를 이어간다.
'디오니소스'는 니체에게 이성의 상징인
아폴론적인 것과 대척되는 감성을 상징한다.
'디오니소스 프로젝트'는 고대 그리스 신화에서는
축제의 신이기도 한 디오니소스의 특성을
상징적으로 담아내려는 시도로,
우리의 창조적 정신을 자극하는 책들을 중심으로
디오니소스적 세계관에 의한, 디오니소스적 앎을 향한
출판의 축제를 한 판 벌이고자 한다.
니체는 디오니소스를 통해
세상을 해방시키는 축제에 경탄을 쏟았고,
고정관념의 틀을 깨뜨릴 수 있는 존재로
디오니소스를 상징화했다.
자기 해체를 통해 스스로를 극복하는 존재의 상징이기도 한
디오니소스는 마치 헤르만 헤세의
"새는 알에서 나오려고 발버둥 친다. 알은 새의 세계다.
태어나려고 하는 자는 하나의 세계를 파괴해야 한다"는
의미와 맞닿아 있다.
이제 여러분을 '디오니소스의 서재'로 초대한다.

Contents

신지학의 여러 얼굴들을 만나 보자

_ 인도 독립 운동의 사상적 배경이기도 한 신지학

신지학이라고 하면 으레 오컬트적인 느낌이 강하다. 내가 처음 신지학이라는 단어를 알게 된 건 올해 1월에 출간한 『우리는 어디에서 와서 누구이고 어디로 가는가』라는 책에서였다. 신지학(theosophy, 神智學)이라고 하면 '신(神)'자가 들어가니 미신 같기도 하고, 추상적이기도 하고, 형이상학적인 대상인 줄 알았다. 그러나 이 책을 읽고 나서 신지학이 모든 종교와 철학 속에 동일하게 흐르는 하나의 근본적인 가르침이 존재한다고 믿으며, 이를 탐구하는 '학문'이라는 것을 알고 더 큰 관심이 생겼다.

사실 『우리는 어디에서 와서 누구이고 어디로 가는가』를 출판하고 나서 독자 분들로부터 전화를 몇 통 받았다. 이 책을 출판해 주어서 감사하고, 정말 잘 읽었다는 이야기였다. 그 전화로부터 나는 우리나라 서울의 목동에도 예전에 신지학회가 실제로 사무실이 있었다는 새로운 사실도 알게 되었다.

그러던 어느 날, 신지학을 연구하고 있는 한 모임(마나스 스쿨, http://www.theosophy.or.kr/)에서 연락이 왔다. 이 책을 잘 읽었고, 신지학에 대한 연구를 꾸준히 모여서 하고 있다고 했다. 그리고 관련 서적들도 번역을 하고 있다고 말이다. 나는 그때 신지학의 3대 기본서가 있다는 사실도 처음 알았다. 그래서 신지학에 대해 전혀 모르거나, 혹은 막연하게 알고 있거나, 또는 우리가 살고 있는 이 세상 너머의 세계에 대한 궁금증이 있는 독자들을 위하여 『운명의 바람 소리를 들어라』를 기획하게 되었다.

그런데 이 책을 준비하면서 또 새롭게 알게 된 사실은 신지학이 단지 '여기 너머 저기'의 초월적 대상만을 연구하는 것이 아니라는 것이다. 신지학이 역사적으로 볼 때 인도의 독립 운동의 사상적 배경이 되어 주고 있다는 사실을 알았을 때 전율이 흘렀다. 사실 인도도 역사적으로 볼 때, 우리나라와 마찬가지로 영국이라는 강대국의 식민지로 있었던 아픈 역사적 흔적이 남겨진 나라이다. 그런데 그 독립 운동의 밑바탕에 신지학 운동이 있었다는 건 주목해볼 만한 역사적 사실이다.

세계사를 볼 때, 북유럽 신화의 배경이 되는 노르웨이 등의 국가에 기독교 문화가 들어와 지배하면서 이교의 문화를 배척했다. 그 결과로 북유럽 신화는 역사 저편으로 사라질 뻔 했다.

또 수난의 역사를 지니고 있던 아일랜드도 영국의 지배를 받았던 아픈 상처가 있는 나라이다. 그런데 아일랜드 사람들에게 예로부터 전해오고 믿음의 대상이었던 요정 이야기가 아일랜드 본연의 켈트 문화를 되살린 계기가 되었다. 이런 이야기의 역사적 흐름을 따라 출판한 책이『북유럽 신화, 재밌고도 멋진 이야기』와『요정을 믿지 않는 어른들을 위한 요정 이야기』이다. 또 북아메리카의 원래 주인이었던 인디언들이 침략자들에게 맞서 인디언 고유의 정신을 지켜 나가기 위해 그들의 설화적 이야기에 기대고 있다는 것도『바람이 전하는 인디언 이야기』를 통해 알 수 있었다.

그래서『운명의 바람 소리를 들어라』역시 한편으로는 그 맥락에서 이해해도 좋을 듯하다. 특히 인도는 우리와 비슷한 역사적 시기에 영국의 지배를 받았고 독립운동도 펼쳤다. 그 사상의 배경에 신지학이 있었다는 사실은 교과서에서 잘 배워 보지 못한 세계사이기도 하다.

그렇다면 신지학이란 무엇인가. 생소한 대상이기에 그 근본부터 접근해 보면 보다 더 쉽게 이해할 수 있으리라는 생각이 들었다. 뭐든지 기본서를 탐독하면 그 사상적 토대를 알 수 있기에 헬레나 P. 블라바츠키 여사의『침묵의 소리』, 지두 크리슈나무르티의『스승의 발 아래서』, 마벨 콜린스의『도의 길잡이』이 세 권의 저서를 묶어『운명의 바람 소리를 들어라』라는 한 권의 책으로 기획하게 되었다. 다행히도 각각의 책의 분량은 그리 많지 않았기에, 한 권으로 묶는 것이 독자들에게 다가서기가 쉬울 것 같았다.

_ '여기 너머 저기'로의 마음 여행

요즘 우리가 살고 있는 이 세상은 참으로 갑갑하고 답답하다. 그러나 세계의 역사를 돌이켜볼 때, 언제나 권력층은 평민들을 억압하고 지배해 왔다. 시대가 바뀌면서 제도나 사상에 다른 색깔을 덧입혔을 뿐, 사실 그 안을 들여다보면 그리 달라진 것 같지도 않다. 고대 시대의 노예 제도가 중세 때 소작농 제도가 되었고, 현대에는 그냥 시민이 되었을 뿐이다. 특히 평등한 사회로의 획기적 사건이라고 학교에서 배웠던 프랑스의 시민 혁명이 과연 진정한 혁명이 되어 모두가 평등한 세상이 되었느냐의 문제에 이르렀을 때에도 역시 마찬가지다.

오히려 현대에 이르러서는 권력층의 지배가 더 교묘하고 영악해졌다. 겉으로는 모두가 자유롭고 평등한 존재라고 하고, 교과서에서도 그렇게 배우고 있지만, 실제로는 어떤가. 인류의 역사를 돌이켜 볼 때, 인간의 상하 지배관계의 구도는 전혀 바뀌지 않았다. 우리는 그냥 '민주주의'라는 새로운 단어와 '평등한 국민'이라는 달콤한 단어들에 취해서 깜빡 속거나 잠시 착각하고 있는 셈이다.

그렇다면 이 세상은 이렇게 영원토록 바뀌지 않는 인간과 인간의 지배 관계로만 이루어진 것일까. 금수저는 영원히 금수저로 살고, 흙수저는 그저 복불복으로 태어난 흙수저의 운명으로 끝까지 살아가야만 하는 걸까.

또한 사회학적인 관점을 떠나 과학적인 관점에선 이런 질문을 던져볼 수 있다. 우리가 지금 사실이라고 믿고 있는 과학적 지식은 과연 정말 모두 다 맞는 것일까. 이 역시 지식의 지배 계층들의 독점적 선언에 우리들이 깜빡 속고 있는 건 아닐까. 과학이다, 의학이다, 라는 '안대'로 우리의 눈을 가리고, 마치 그들이 말하는 것이 다 진리인양 우리는 그 허울 좋은 '과학적 지식'에 의해 그냥 질질 끌려 다니고 있는 건 아닐까.

아주 오래 전에 살던 사람들은 이 지구가 둥글지 않고 네모나다고 생각했다. 그래서 배를 타고 바다에 나가서 그 끝에 다다르면 그 아래로 떨어질 것이라고 믿었다. 또한 이 세상에는 우리 지구만 존재한다는 지식을 갖고 있었다.

그런데 현대를 살아가는 우리들은 그 지식이 전혀 맞지 않는다는 사실을 너무나 잘 알고 있다. 그렇다면 먼 미래에 우리의 후손들은 현재 우리가 믿고 있는 과학적 지식 중 어떤 것을 어처구니없는 지식으로 생각하게 될 수도 있지 않을까. 인간들이 '과학적 지식'만을 정답이라고 외치는 건 오만에 가깝다고 생각한다. 사실 초월적 세계를 탐구하는 신지학이 어떻게 보면 터무니없고, 뜬구름 잡는 이야기로 비칠 수도 있다. 혹자는 이렇게 말할 수도 있다.

"아니, 달나라에 우주선이 가는 21세기에 '이 세상'뿐만 아니라, '저 세상'이 존재한다고? 무슨 귀신 씨나락 까먹는 소리인가."

그러나 지금 우리가 살고 있는 이 세상 너머 다른 세상이 있을 수도 있다는 가설이 반드시 틀렸다고 누가 장담을 할 수 있을까. 우리 인류가 밝혀낸 과학적 지식이란 것이 사실 어찌 보면 넓디넓은 모래밭 속의 좁쌀 한 톨만큼의 의미일 수도 있다. 그런 과학적 지식으로 이 우주를 모두 안다고 과연 말할 수 있는가.

기실 따지고 보면 인류가 아는 건 광활한 이 우주에 비하면 너무나 보잘것없이 초라하다. 심지어 우리는 우리가 살고 있는 이 지구가 속한 태양계조차, 하다못해 밤마다 바라보는 달조차 그 존재의 실체를 잘 알지도 못하고 있지 않는가.

그런 우리가 이 세상 너머 영적 세상이 존재할 수도 있다는 주장을 과학적 지식에 반한다는 이유로 무조건 배척할 수 있을까.

사실 우리가 독서를 하는 것은 책의 내용을 무조건 다 받아들이기 위한 것도 아니다. 책을 읽는다는 행위는 하나의 탐색이자 여행이다. 새로운 세계로의 여행, 마음으로 떠나는 여행인 셈이다. 우리가 여행을 다녀온다고 해서 우리가 봤던 그 모든 세계를 다 집안으로 갖고 온다거나, 모두 다 감탄할 필요도 없다. 단지 그 탐색의 과정을 통해서 우리는 성장할 수 있다. 인간이 할 수 있는 가장 거룩한 행위인 탐색의 과정을 우리는 책을 통해서도 할 수 있는 것이다.

신지학도 마찬가지라고 생각한다. 신지학이라는 생소한 대상으로 우리는 여행을 떠나보는 것이다. 그 이야기 속에서 한편으로는 마음의 평안을 얻는 지혜의 메시지를 얻기도 하고, 또 한편으로는 인도의 독립 운동의 사상적 바탕이 된 역사적 비하인드 스토리도 접하게 되는 것이다. 그러면서 우리나라의 역사와 비교도 하고, 세계 다른 나라들의 역사의 흐름도 파악하게 된다. 그리고 결과적으로 그 과정에서 우리는 현재 살아가고 있는 이 세상의 사회적 문제들을 풀어가는 해답의 실마리도 발견할 수 있는 것이다.

_ 새로운 독서의 영역, 신지학의 문을 열고서

신지학의 문을 열고 들어가기 전에는 마냥 초월적인 대상에 대한 세계로의 여행이라고만 생각했다. 그런데 막상 들어가 보니 마음을 닦는 내용을 담고 있었다. 선한 의지를 세상에 전하는 지혜의 말들로 가득 차 있었다.

그 메시지들을 읽으면서 아마도 인류가 고대부터 전하고자 했던 것은 현대에도 반드시 필요한 것이 아닌가 하는 생각이 들었다. 아무리 과학과 기술문명이 발달하고 세상이 달라졌지만, 기실 인간의 본성은 그때와 똑같기 때문이다. 인간의 근원적 기질은 전혀 바뀌지 않은 것 같다. 인간의 저 밑바닥에 있는 욕망과 욕심, 이기심 등은 선한 의지와 더불어 고대부터 지금까지 여전히 그대로 고스란히 우리 안에 공존해 있다.

아무리 과학이 발달해도 인간의 본성은 진화를 하지 않는 걸까. 겉으로는 시민의식을 가장하고 있지만, 그 안을 들여다보면 인류가 태동했을 때부터 가졌던 그 마음 그대로인 것 같다. 그래서 고대의 스승이 깨달은 지혜의 메시지가 현대인들에게도 놀라운 깨달음으로 전해질 수 있다고 믿는다. 그 깨달음은 이 신지학의 기본서를 쓴 저자들에게 전해져, 다시 오늘날의 우리에게도 내려오는 것이다.

사실 이 책을 준비하면서 신지학 3대 기본서를 쓴 저자들의 사진을 처음으로 가까이 접하는 순간, 깜짝 놀랐다. 그 카리스마라고 해야 할까, 어떤 압도적인 느낌이랄까. 어쨌든 그 기운이 막강했다. 뭔가 주변의 모든 기운을 잠재우는 듯한 강한 느낌이 전해왔다. 사진으로 봐도 이 정도의 기운인데, 만일 실제로 그 당시에 이들을 봤다면 어땠을까 하는 생각이 들었다.

아주 오래 전, 그러니까 10여 년은 넘었을 것이다. 나는 꿈속에서 우주에 서 있었다. 그런데 누군가와 함께 서 있었는데, 내 눈앞에는 마치 영화 속에서나 봤을 법한 광경이 펼쳐지고 있었다. 완전히 컬러 꿈이었는데, 아주 아름다운 초록빛이 나는 지구가 우주 속에 떠 있었고, 난 좀 떨어진 곳에서 지구를 포함해, 마치 은하수같이 밝은 행성들의 무리들 속에서 지구를 지켜보고 있었다. 꿈속에서 나는 그 황홀한 광경을 바라보면서 너무나 생생한 느낌에 그 순간에도 놀라워하고 있었다. 또한 환희에 찬 기분이었다. '어떻게 이런 아름다운 광경을 내가 볼 수 있을까' 하는 느낌이 들었고, 옆에 함께 서 있던 그 누군가에게 즐거움에 들떠 외쳤다.

"아, 정말 아름다운 광경이야! 어떻게 이렇게 아름다울 수 있을까?"

정말 너무나 생생했고, 현실 같았던 꿈이었다. 그래서 오래 전에 꾼 꿈이었지만, 아직도 생생하게 기억을 하고 있다. 마치 내가 정말 우주라도 다녀온 건 아닌가 하는 생각이 들 정도로, 꿈에서 깨어나도 너무나 생생했다. 꿈속에서도 너무나 실제 같은 느낌이었다.

이 꿈 때문에 결국 『우리는 어디에서 와서 누구이고 어디로 가는가』라는 책이 탄생하게 된 것이다. 이 꿈 때문에 난 인간이 우주와 통할 수 있는 통로가 우주선이 아니라, 우리 뇌의 세계일 수 있고, 꿈속 세계일 수도 있다는 생각을 하게 된 것이다. 우리 무의식의 통로인 꿈은 어디로까지 연결된 건지 알 수 없다.

물론 이 꿈이 심리적으로 기인한 것에서 온 꿈일 수도 있지만, 수십 년 동안 꿈을 탐색해온 나의 입장에서는 이 꿈이 반드시 그렇지는 않다는 것이다. 그 꿈속 상황과 느낌이 다른 꿈들과는 확연히 달랐던 것이다. 수십 년 동안 꾸었던, 그 어떤 다른 꿈들과 구성이나 소재 면에서 완전히 달랐다. 이 꿈은 끊김이나 점프 식으로 꿈속 상황이 왜곡되어 있지 않았다. 그냥 순차적으로 흘렀고, 하나하나 완전히 상세했던 것이다. 그리고 너무나 생생했다. 어떤 한 부분도 희미하거나 숨겨져 있지 않았다. 마치 정말 실제로 여행을 다녀온 듯한 생생함이 있었다.

　그런데 이 꿈을 완전히 해독할 수 있었던 것은 바로 『우리는 어디에서 와서 누구이고 어디로 가는가』라는 책을 통해서이다. 이 책은 헬레나 P. 블라바츠키 여사의 제자이면서 세계 신지학 협회의 제2대 회장인 애니 베전트가 쓴 것이다. 애니 베전트 역시 신지학 협회의 창시자이며 제1대 회장인 블라바츠키 여사의 사상에 매료되어 그 사상을 전하고자 이 책을 집필한 것이다.

　난 그 당시 영국의 최고 지식인이며 사회운동가였던 애니 베전트가 그토록 숭상하던 블라바츠키 여사의 실체가 몹시 궁금해졌다. 그리고 그 궁금증은 결국 『운명의 바람 소리를 들어라』라는 이 책을 후속으로 기획해 출판하는 것으로 이어졌다. 또한 나처럼 신지학을 처음 접하는 독자들이 보다 쉽고 재밌게 이 '비밀의 문'으로 들어오게 하기 위해 「옮긴이의 노트」를 각 장마다 앞에 배치해서 그 가이드를 바탕으로 기본 지식을 장착한 뒤, 그 다음에 저자들의 이야기를 접하도록 했다.

또한 지금 「기획자의 말」에서도 이 책을 기획하게 된 비하인드 스토리며, 신지학의 의미와 가치에 대해 보다 현실적이고 역사적인 관점에서 풀어 놓아, 더 친밀한 시선으로 신지학을 바라볼 수 있도록 했다. 이 책의 이런 기획과 구성은 독자 여러분이 신지학이라는 생소한 대상에 대해 편견을 갖지 않고, 하나의 새로운 지적 세계를 탐색하고 여행하는 호사를 누려 보길 바라는 마음에서 비롯되었다.

_ '저 너머의 세계'로 통하는 꿈의 열쇠, 신지학

사실 『운명의 바람 소리를 들어라』가 나오게 된 계기였던 『우리는 어디에서 와서 누구이고 어디로 가는가』에서는 우리가 꿈을 통해서도 우주로 나아갈 수 있다고 이야기를 해놓았다. 무려 몇 백 년 전의 블라바츠키 여사도 그렇고, 또 그 밖의 많은 다른 사람들도 이런 체험을 했던 것이다. 그동안 나는 혼자서만 앞서 이야기한 그런 꿈을 꾼 것이라고 생각을 했는데, 다른 많은 사람들이 이런 꿈을 꾸었던 것이 놀랍기도 하고 신기하기도 했다.

하지만 백 퍼센트 이건 이렇다, 저건 저렇다, 라고 단정을 내리는 건 아니다. 이건 그저 하나의 단서일 뿐이다. '그럴 수도 있겠구나, 블라바츠키 여사의 주장대로 꿈속에서 우주로 누군가 우리의 영적 에너지를 데리고 가줄 수 있구나, 우리 안에는 다른 어떤 정신적 에너지가 함께하는구나' 등등 이런 식으로 가정해 볼 수 있다는 말이다. 이런 사유의 고리는 우리를 더 새로운 세계로 탐색하게 해주는 안내자일 뿐이어도 좋다.

이런 식의 탐색을 통해 우리가 얻을 수 있는 것은 정확한 해답일 수도 있지만, 사유하는 과정 속에서 진리를 발견해가는 자신을 성찰하는 것이다. 이런 정신적 탐색으로 진지하고 진정한 자아 성찰이 이루어질 수 있다는 말이다.

그러므로 우리의 사유를 자극하는 탐색은 반드시 필요하다. 그것이 정확하든, 아니든 간에 일단 우리를 사유의 공간으로는 안내해 줄 테니 말이다. 하지만 분명한 것은 내가 평소 생각하고 있던 것들이 『우리는 어디에서 와서 누구이고 어디로 가는가』라는 책 속에 대부분 담겨 있었다는 사실이다. 굉장히 놀라운 발견이었다. 그래서 『우리는 어디에서 와서 누구이고 어디로 가는가』를 출간한 후, 일 년여 만에 다시 『운명의 바람 소리를 들어라』를 기획하게 된 것이다.

『우리는 어디에서 와서 누구이고 어디로 가는가』에서 말하는 어떤 명칭이나, 일정 부분보다는 그 사유의 틀이나, 많은 이야기들이 내가 탐색해 왔던 그 발자국들과 거의 일치한다는 사실이 너무 소스라치게 놀라게 했던 것이다. 어떻게 수 백 년 전에 러시아에서 살던 사람이 생각하고 탐색한 과정들이, 오늘날 이 대한민국에서 어느 사람의 머릿속에서 발전한 생각과 비슷할 수 있는가. 인간은 모두 다 잠재의식 속에서 진리를 쫓으며 사는 게 아닐까. 그 진리를 향해 가는 과정은 시간과 공간이 달라도 결국에는 그 길이 다 비슷할 수 있지 않나 하는 생각이다.

하여튼 『우리는 어디에서 와서 누구이고 어디로 가는가』에 이어서, 보다 더 쉽고 재미있게 '여기 너머 저기'의 존재에 대한 깨달음을 새삼 알려주는 『운명의 바람 소리를 들어라』에서 여러분은 자신의 '진짜 운명'과 마주하게 될지도 모른다. 그것은 이 답답한 현실 속 육체적 존재가 아니라, 그 너머, 육체가 소멸한 후에도 우리의 존재가 여행하는 그 세계를 미리 유추해볼 수 있는 좋은 기회도 될 것이다. '여기'에서도 '저기'를 탐색해 볼 수 있다는 것은 참으로 짜릿한 체험이다. 자, 이제 그 비밀의 문을 열고 들어가서, 운명의 바람 소리를 들어보기 바란다.

2016년 12월
조선우

__ 아스트랄체(Astral Body)

인간을 구성하는 여러 가지 체 혹은 원리들 중에서 감정, 욕망을 나타내는 매개체를 지칭하는 용어로, 감정체(emotional body), 욕망체(desire body)라고도 부른다.

__ 멘탈체(Mental Body)

인간을 구성하는 체 혹은 원리들 중에서 욕망이나 감정과는 다른 정신(mind)을 나타내는 매개체이다. 우리가 자주 사용하는 마음(心)은 아스트랄체로 채색된 멘탈체 혹은 욕망으로 채색된 정신이다.

_오컬티즘(Occultism)

이 말은 원래 '숨겨져 있는 사물에 대한 과학'을 의미했다. 심지어 중세 유럽에서도 근대 과학의 선구자들이었던 철학자들도 자신들의 과학을 오컬티즘이라고 불렀다. 왜냐하면 그들의 과학은 보통 사람들에게는 알려져 있지 않았기 때문이다. 예를 들면, 독일인인 알베르투스 마그너스와 영국인인 로저 베이컨이 있다. 이들은 모두 13세기 사람들이다.

신지학을 공부하는 사람들이 사용하는 오컬티즘이란 생명 혹은 보편적 자연의 과학 혹은 존재의 숨겨져 있는 것을 연구하는 학문이다. 진정한 오컬티즘의 연구란, 존재의 신비 속으로 깊이 꿰뚫는 것을 의미한다.

블라바츠키 여사는 이것을 '물리적 · 심령적 · 정신적 · 영적인 과학'이라고 표현했으며, '헤르메스 과학' 혹은 '비전(祕傳) 과학'이라고 불렀다. 오컬티즘은 종종 비전 과학과 상호 교환적으로 쓸 수 있는 말로 여겨진다. 비전 과학의 숨겨져 있는 부분, 즉 오컬트적인 부분에 더 많은 강조를 둔다는 것이다.

진정한 오컬티즘은 인간이란 존재의 신체적 · 생리적 · 심리적 · 영적인 부분을 포함한다. 또한 이뿐만 아니라, 우주의 기원과 운명, 구조, 작용 등을 다루는 훨씬 폭넓은 연구 영역을 포함한다.

_ 카르마(Karma)

'하다', '만들다'를 의미하는 'kri'에서 유래된 명사형이다. 글자 그 대로 행위를 '하다' 혹은 '만들다'라는 의미이다. 그러나 철학적인 의미의 카르마는 전문적인 의미가 있는데, 가장 좋은 말은 '결과'라 고 번역하는 것이다.

즉 어떤 실체가 행위를 하게 되면 그는 내면으로부터 행동하는 것이다. 많고 적음의 차이는 있지만, 그는 자신의 본래 에너지를 사 용해서 행동하는 것이다. 이러한 에너지가 흘러나오면, 주위에 있는 환경, 즉 자연에 충격을 주며, 자연으로부터 즉각적이거나 혹은 지 연된 반작용이 오게 된다. 그래서 카르마의 법칙을 다른 말로 말하 자면, 작용과 반작용의 법칙, 원인과 결과의 법칙 등으로 부른다.

카르마는 운명주의가 결코 아니며, 일반적으로 말하는 행운도 아 니다. 본질적으로 자유 의지에 대한 가르침이다. 왜냐하면 어떤 행 위 ─ 영적 · 정신적 · 심리적 · 물리적 행위 등 ─ 를 시작한 실체가 그로 부터 일어나는 결과에 대해서 책임이 있기에 그 행위자에게 곧 되 돌아가기 때문이다.

서로 연결되어 있는 예를 보면, 개인의 카르마와 대비되는 가족 카르마에서 볼 수 있다. 한 국가에 속한 일련의 결과들인 국가 카르 마와 인종에 속한 인종 카르마도 마찬가지다.

카르마는 일상적인 의미에서 말하는 보상이나 처벌이라고 할 수 없다. 카르마의 작용은 한 치의 오차도 없이 정확하다. 왜냐하면 카르마는 대자연 자신의 행동의 한 부분이기 때문에, 궁극적으로 모든 카르마적 작용은 '순수 의식-영'이라고 말하는 것과 같은 조화의 우주 심장부로 거슬러 올라 갈 수 있다.

이 가르침은 인간의 마음에 위안을 준다. 왜냐하면 인간은 자신의 운명을 자신이 만들 수 있기 때문에 그렇고, 또한 그렇게 해야 한다. 인간은 자신의 의지대로 잘 만들 수도 있고, 추하게 만들 수도 있다. 자연의 위대하고 근원적인 에너지들과 작용함으로써, 인간은 자연과 일체 혹은 조화를 이루게 되며, 신들처럼 자연의 협조자가 된다.

_ 모나드(Monad)

단일자(The One). 자신의 세계에 있는 삼위일체의 영(threefold spirit). 오컬티즘에서는 그것은 하나인 삼위일체, 즉 아트마(Atma), 붓디(Buddhi), 마나스(Manas)를 의미한다. 영적 의지(Spiritual Will), 직관(Intuition) 그리고 상위 마인드, 혹은 하위 세계 속으로 윤회해서 점진적으로 진보하면서 인간을 지나 마지막 목표에 도달하는 인간의 불멸 부분.

'신지학(Theosophy)'이란 말은 본래
'신들의 학문''신성한 지혜' 혹은 '신들의 지혜'라는 의미이다.

THE VOICE OF THE SILENCE
제1장 _ 침묵의 소리

헬레나 페트로브나 블라바츠키

'헬레나 페트로브나 블라바츠키'는 누구인가?

근대 영적 문화의 흐름을 근본부터 뒤바꾼 인물, 영성계와 관련된 여러 인물 가운데 헬레나 페트로브나 블라바츠키(H. P. B.: Helena Petrovna Blavatsky)만큼 많은 논란의 중심에 서 있는 사람은 없었다. 동시에 그녀는 인류의 다양한 분야에 거대한 영향을 끼쳤다. 한때 유엔(UN)의 이사였던 폴 바인쯔바이크(Paul Weinzweig) 박사는 1978년, 탁월한 여성에 대한 글에서 그녀에 대하여 이렇게 말했다.

"그녀는 과학자, 시인, 피아니스트, 작가, 화가, 철학자, 교육자였으며 무엇보다 지칠 줄 모르는 빛의 전사였다. 그녀는 진리 추구와 보편적 형제애를 진지하게 탐구하는 과정에서 많은 적과 적의를 얻었다. 그 누구도 그녀만큼 19세기의 종교적인 편견과 영적인 허풍, 그리고 지성적인 허세를 거슬리게 한 사람이 없었다."

오늘날엔 무리 없이 받아들여지는 사상들이지만, 당시 빅토리아 시대에는 급진적이고 파격적인 사상들을 전파하기 위해서 헌신한 선구자였다.

헬레나 P. 블라바츠키는 인종이나 신조, 계급, 성, 피부 색깔의 차별 없는 인류의 보편적인 형제애를 형성했다. 그리고 종교, 철학, 과학 간의 비교 연구를 촉진하며, 설명되지 않는 대자연의 법칙들과 인간 속에 잠재하고 있는 힘들을 탐구한다는 목적으로 신지학회를 설립했다.

그녀가 1875년 9월, 뉴욕에서 설립한 바로 이 신지학회(Theosophical Society: 종종 TS라고 부름)를 근대 영적 부흥의 시발점이라는 것에 대하여 서구에서는 대체적으로 동의하고 있다.

_ 블라바츠키 여사의 어린 시절

헬레나 P. 블라바츠키는 1831년 8월 12일, 카뜨린느 대제(Catherine the Great)를 위해서 세워진 에카테리노슬라브(Ekaterinoslav: 카뜨린느의 영광)라는 우크라이나의 한 마을에서 태어났다.

그녀의 유전적인 배경 속에는 러시아, 프랑스, 독일 그리고 먼 과거로 거슬러 올라가면 스칸디나비아인 혈통이 섞여 있다. 그녀의 어머니인 헬레나 폰 한(Helena von Hahn)은 당시 유명한 작가였지만, 건강이 약해서 29세라는 젊은 나이에 일찍 세상을 떠났다. 그녀의 아버지인 피터 폰 한(Peter von Hahn)은 대령으로서 새로운 지역으로 발령 받을 때마다 온 가족이 자주 이사를 하면서 살아야 했다.

어릴 적부터 그녀의 주위에서는 이상한 일이 많이 일어났으며, "살아 있건 그렇지 않건 모든 사물들과 형태의 목소리를 들었다"고 동생 베라(Vera)는 전한다.

블라바츠키 여사, 즉 헬레나(블라바츠키 여사의 어릴 적 애칭)가 사라토브로 이사 갔을 때, 인근에 당시 100세가 넘는 바라니그 바우이락(Baranig Bouyrak)이라 불리는 성자가 있었다. 마을 사람들은 그를 성자, 치유가 혹은 마법사라고 불렀다. 그는 숲 속에 있는 험한 협곡에 살고 있었는데, 헬레나에 대하여 상당한 애정이 있었다고 한다. 이 이야기는 시네트(A. P. Sinnett)가 쓴 『블라바츠키 여사의 일화들(Incidents in the Life of Madame Blavatsky)』에서 동생 베라가 전한다.

"언니는 이 이상한 노인을 찾아가서 질문들을 쏟아내었다. 그러면 이 노인은 벌과 새 그리고 동물들의 말을 이해하는 방법에 대한 설명들을 친절하게 답해주었고, 언니는 열정적이고 진지하게 들었다. 또한 이 노인은 반복해서 '이 어린 숙녀는 너희들과 아주 다르다. 미래에 그녀를 기다리고 있는 위대한 사건들이 있다. 나의 예언을 확인할 때까지 살지 못한다는 것을 생각하면 안타까울 뿐이다'라는 말을 자주 했다."

헬레나가 16세 되던 해는 일종의 전환기였던 것 같다. 1951년에 출판된 『H. P. B.가 말한다(H.P.B. Speaks)』에서 그녀는 이렇게 말하고 있다.

"신비스러운 인도인을 두 번째 만났을 때까지, 나는 항상 나 자신에게도 신비하고 이해할 수 없었던 이중의 존재(double existence)로 살아왔다."

그녀는 미지의 것과 신비한 것 등에 대한 호기심과 관심이 너무나도 컸다. 그리하여 할아버지의 서재에 있는 신비 문헌들에 점점 더 깊이 빠져들었다. 그리고 무엇보다 자유와 독립에 대한 그녀의 집착을 아무도 통제할 수 없었다고 한다.

1848년에서 1849년 사이의 겨울, 그녀가 17살 때였다. 그녀보다 나이가 훨씬 많고, 그녀가 때때로 못생겼다고 놀려댔던 니키포르 블라바츠키와 일종의 오기 끝에 결혼하겠다고 선언하면서 가족들을 기겁하게 했다. 그렇게 엉뚱한 결혼을 한 후, 그녀는 조국과 남편을 떠날 계획을 바로 세웠으며, 여러 번의 시도와 실패 후에 결국에는 성공했다.

_ 세계 탐구를 위한 첫 번째 단계, 대스승과의 만남

헬레나 P. 블라바츠키가 당시 알고 지냈던 돈도우코프 왕자에게 보낸 편지가 인용된 『H. P. B.가 말한다』를 보면, 그녀가 조국과 남편을 떠나 온 이유가 나온다.

"그 당시 나는 보다 미지의 것을 찾고 있었습니다. 만약 내가 합일(union)에 대하여, '아스트랄 광물'과 '붉은 처녀(red Virgin)와의 결혼' 그리고 '철학자의 돌'에 대하여 말하기 시작했다면, 왕자님 당신은 나를 악마에게 보냈을까요?"

헬레나는 드디어 꿈과 비전 속에서만 보았던 '신비스러운 인도인 스승'을 직접 만나기 위해 여행을 떠나기로 한다. 여행 중 그녀는 이집트, 레바논, 다마스커스 등을 지나면서 강령술과 점성술 그리고 수정점 등에 대하여 배웠다. 하지만 어디에서도 '철학자의 돌'을 찾지 못했다고 실망스러워 했다.

이후 그녀는 유럽을 여행했다. 1851년 초, 영국에서였다. 그녀는 모든 것에 신물이 났고, 그만 죽고 싶은 강렬한 욕망에 사로잡혀 있었다. 그 '돌'을 결코 찾을 수 없었기 때문에 차라리 영원한 안식을 찾고 있었다고 한다. 바로 그때, 헬레나 앞에 그녀의 스승이자 보호자가 나타나서 그녀를 구해주고 위로해줬다. 그리고 그 '돌과 처녀(Stone and Virgin)'를 그녀에게 약속했다고 전해진다.

"어느 날 밖을 걷고 있는데, 몇 명의 인도 왕자들과 함께 거리에 있던 키가 큰 힌두인을 보게 되었다. 그를 보자마자 아스트랄 형체로 자주 보아왔던 바로 그 사람이라는 것을 즉각 알아차렸다. 곧장 그에게 달려가서 말하고 싶은 충동을 느꼈지만, 그는 그녀에게 움직이지 말라는 신호를 보냈다. 그리하여 그가 지나가는 동안 마치 마법에라도 걸린 것처럼 그녀는 꼼짝하지 않고 서 있었다. 그 다음날, 그녀는 전날에 자신에게 일어났던 놀라운 일을 혼자 생각해 보려고 하이드파크로 산책을 나갔다. 그리고 어느 순간 문득 얼굴을 들었을 때, 바로 그 사람이 자신에게 다가오는 것을 보았다. 그녀의 스승은 중요한 사명 때문에 인도의 왕자들과 함께 런던에 왔다고 말했다. 그 스승은 그가 막 시작하려고 하는 일에 블라바츠키의 협력이 필요하다면서 개인적으로 만나고 싶다고 했다. 또한 그 중요한 일을 위하여 그녀가 티베트에 와서 3년을 보내야 한다고도 말했다."

바로 이날이 1851년 8월 21일이었다. 꿈속에서 보았던 스승인 M(모리아: Morya) 스승을 그녀가 처음 육신으로 친견한 날이다. 또한 이날은 러시아 달력으로 7월 31일, 그녀의 스무 살 생일이기도 하다.

스승을 만난 후, 헬레나는 미국을 거쳐서 인도로 여행을 떠났다. 이 여정 동안 캐나다에서 북미 주술사들의 비밀을 배우기 위해 원주민 일행을 소개 받기도 했다. 그러나 그들이 신발을 포함하여 일체의 소지품들을 가지고 달아났다는 에피소드가 전해진다.

이어 헬레나는 텍사스를 거쳐 멕시코, 중앙아메리카와 남아메리카까지 가게 되었으며, 1852년 말 드디어 인도에 도착한다. 그녀가 앞서 왕자에게 쓴 편지를 보면 "영국에서 스승을 두 번 만났으며, 마지막 만났을 때 스승께서 나의 운명이 인도에 있으며 그것은 28년 혹은 30년 후이다. 그러니 지금 가서 그 나라를 보라"고 말씀하셨다고 한다. 그 후 헬레나는 인도에서 약 2년을 머물면서 그녀에게 주어진 일정을 충실히 따르며 여행했다. 하지만 이 기간 동안 한번도 스승을 다시 만나지 못했다고 한다.

인도를 떠나기 전, 헬레나는 티베트로 들어가려고 시도했지만 어쩐 일인지 제지당했다. 헬레나의 스승께서는 서신을 통해 그녀에게 이렇게 말씀하셨다.

"유럽으로 돌아가서 하고 싶은 것을 하되, 언제든지 돌아올 준비를 하라."

그렇게 그녀는 인도를 떠나 다시 유럽으로 갔다.

_ 세계 탐구를 위한 두 번째 단계, 성숙기

　헬레나 P. 블라바츠키는 1854년, 자바를 거쳐서 영국으로 돌아왔다. 그때 러시아와 영국, 그리고 프랑스 사이에 크림 전쟁이 발발했다. 그러자 러시아 귀족의 딸이었던 그녀는 몹시 난처한 입장에 처하게 되었다. 하지만 피아노 독주회를 열기로 한 계약 때문에 당분간 런던에 머물러 있어야 했다. 그러는 동안 그녀의 뛰어난 음악적 자질로 필하모닉 협회 회원이 되기도 했다.

　독주회를 마친 후, 블라바츠키 여사는 다시 미국을 향해 출발했다. 이번에는 이민자들 일부 그룹과 함께 많은 어려운 상황을 겪으면서 로키 산맥을 건너서 샌프란시스코에 도착했다. 거기서 블라바츠키를 만났던 사람들에 의하면, 그녀의 여정이 멕시코와 중앙아메리카 그리고 남아메리카로 이어졌을 것이라 전한다. 그 후 그녀는 인도를 향해 다시 떠났다. 첫 번째 여행에서는 스승을 만나지 못했지만 이번 여행은 달랐다.

　블라바츠키 여사가 이때 인도의 여러 곳을 스승과 함께 여행하면서 썼던 소설 형태의 글이 나중에 『힌두스탄의 동굴과 정글에서 (From the Caves and Jungles of Hindostan)』라는 책으로 출판되었다. 여기서 '굴랍 싱(Gulab Singh)'이라는 가명으로 나오는 스승과의 다양한 경험과 현상들, 이에 관련된 사건과 사실들, 인물들에 대하여 여러 이야기를 제시했다. 이 소설은 그녀가 '라다-바이(Radda-Bai)'라는 필명을 써서 러시아에서 가장 먼저 출간했으며, 독자들에게 많은 흥미를 불러일으켰다. 그 영향으로 이후에 영어로 번역되어 출간되기도 했다.

블라바츠키 여사는 첫 번째 여행에서 네팔을 통해 티베트로 들어가려고 했던 시도가 실패했기에, 이번 두 번째 여행에서는 인도 북서부인 카시미르를 통과하여 들어가려고 했다. 그런데 또 문제가 생겼다. 결국 그녀는 이 여행길에 동행한 어느 샤먼과 함께 사막에서 헤매다가 그 샤먼의 친구들에 의해 구조되었다.

이렇게 티베트에서의 방황은 일단락되었다. 그리고 마침내 국경까지 안내를 받아 겨우 빠져나왔다. 이 과정에서 1857년, 인도에서 세포이 반란이 일어나기 바로 직전에 블라바츠키 여사의 스승은 그녀가 인도를 빨리 떠나도록 지시했다고도 전한다.

인도를 떠나 프랑스와 독일에서 몇 달을 보낸 후, 그녀는 1858년에 러시아로 돌아왔다. 이때가 바로 그녀 주위에서 기이한 현상들이 무수히 일어난 때였다. 그리고 그런 현상들을 그녀 주위의 사람들이 직접 많이 목격하고 경험했던 시기였다. 그녀가 가는 곳, 머무는 곳마다 사방에서 뚝뚝 소리가 나거나 가구들이 움직이고 물건들이 왔다 갔다 하는 일들이 끊임없이 일어났다고 한다.

나중에 블라바츠키는 윌리엄 저지(William Q. Judge)에게 이렇게 말했다고 한다.

"바로 이 당시가 나의 심령적인 힘들이 활동하도록 놓아둔 시기로 '그 힘들을 이해하고 통제하는 것을 한창 배웠던 시기'였다."

시간이 지나면서 블라바츠키는 오컬트적인 힘이 점점 더 커졌고, 자신의 의지대로 그 힘들을 통제하게 되었다. 결국 '똑똑' 하고 소리 내는 정도 이상 소통할 필요가 없게끔 되었다. 이렇게 러시아에서 보낸 5년간은 그녀에게 있어 보이지 않는 힘의 통제를 배웠던 강렬한 수련의 시기였다.

블라바츠키는 러시아에서 한동안 가족들과 시간을 보낸 후 다시 또 여행을 시작한다. 이번에는 이란, 시리아, 레바논, 예루살렘 등을 갔으며, 이집트, 그리스를 지나서 이탈리아로 갔다. 특히 이탈리아의 멘타나에서는 가리발디와 교황 사이에 벌어진 전쟁에 참여해, 가리발디 편에서 싸웠다는 것이 목격되었다고 한다. 하지만 그녀는 나중에 설명하기를, 다른 이유로 그곳에 있었다고 말했다.

한편, 블라바츠키는 그 와중에 전쟁에서 큰 부상을 당해 거의 죽을 뻔 했다고 한다. 그 상처가 거의 회복될 무렵인 1868년 초에 그녀는 다시 발칸을 횡단했고, 콘스탄티노플을 거쳐 인도로 다시 들어갔다. 그리고 이번에는 신비의 땅인 티베트로 들어가서 한동안 머물수 있었다.

그녀가 이 무렵 티베트에 머무르는 동안 무엇을 했고, 어떤 일이 있었는지에 대해선 알려진 것이 거의 없다. 단 한 가지 특이한 것은, 그 기간 동안에 오데사(Odessa)에 있던 그녀의 숙모인 나디아가 경험한 일이었다. 블라바츠키의 숙모가 올코트 대령에게 쓴 편지를 인용하면 다음과 같다.

"그녀가 세계 어디에 있는지 아무도 몰랐고, 아무리 찾아봤지만 허사여서 우리는 많이 슬펐습니다. 그녀가 죽었다고 거의 믿었을 즈음, 'KH'라는 분으로부터 편지가 왔습니다. 그 편지는 아시아인 같은 사람이 가져왔지만, 그는 편지를 전하자마자 바로 내 눈 앞에서 사라졌습니다. 그 편지에는 '그녀가 안전하게 있으니 걱정하지 마라'고 하는 내용이 적혀 있었습니다."

블라바츠키는 티베트를 떠나 오데사로 가기 전, 사이프러스와 그리스로 가서 힐라리온(Hilarion) 대사를 처음으로 만났다. 이어 시리아와 이집트에 머물고 있는 몇 분의 대스승들 밑에서 집중적인 공부를 했다고 전한다. 이어 그녀는 가족들과 함께 시간을 보내다가 다시 유럽으로 갔다. 이후 블라바츠키의 스승은 그녀가 미국으로 갈 것을 지시했다. 그리하여 그녀는 미국을 향해 다시 떠난다.

_ 미국에서의 새로운 시작

블라바츠키 여사는 18세에 처음 러시아를 떠나 그녀의 스승을 만난 후, 약 20년이 넘도록 아시아, 유럽, 아메리카 등의 여러 나라를 다녔다. 그러면서 무수한 경험과 지식을 쌓은 이후, 42세에 다시 미국으로 돌아온다.

당시엔 미국뿐 아니라 유럽 전역에서 심령주의(Spiritualism)가 만연되어 있었다. 특히 유럽에서는 유명한 영매인 대니얼 홈(Daniel Home)이 유명세를 타고 있었다. 코난 도일은 "나폴레옹 3세, 알렉산더 황제, 윌리엄 황제 같은 힘 있고 저명한 인사들까지도 이런 놀라운 능력을 수긍하고 있었다"고 기록으로 전하고 있다.

심지어 1860년, 백악관에서도 강령회가 열렸다고 링컨 대통령의 전기에 나오고 있을 정도다. 또한 당시 유명한 과학자들도 영매가 주관하는 강령회에 참석하여 그들 자신이 겪고 관찰한 내용을 발표하기도 했다.

이처럼 많은 영매의 출현과 관련 현상들로 일반 대중들 사이에서는 죽은 자의 영이 지상으로 다시 돌아오는지, 안 오는지에 대한 의문들이 산불처럼 일어나 급속도로 퍼져 나가고 있었다. 거의 모든 유력 신문사들마다 노련한 기자들을 보내 그런 현상들을 조사해 기사를 쓰도록 했다. 당시 헨리 올코트 대령도 이런 사령(死靈)들의 현상에 대해 관심이 많았다. 그래서 '데일리 그래픽(Daily Graphic)'이라는 신문사를 대신해서 에디(Eddy) 형제들의 영매 현상에 대하여 조사하기 위해 그곳에 왔다.

블라바츠키 여사도 이런 영매 현상을 직접 조사하기 위해 에디 형제들이 사는 곳으로 갔고, 여기서 올코트 대령과 처음 만나게 된다. 그녀가 하트만 씨에게 쓴 편지를 보면 관련 내용이 잘 나타나 있다.

"나는 목적을 가지고 에디 형제들이 있는 곳으로 보내졌다. 그곳에서 올코트 대령이 영(spirits)들을 좋아하는 것을 알게 되었다. 그리고 오컬티즘의 철학 없이 이런 영적인 현상들은 매우 위험하고, 잘못된 길로 안내한다는 것을 그가 알게 하라고 스승으로부터 지시를 받았다. 모든 영매들은 소위 그런 영들을 통해서 일할 수 있다. 하지만 어떤 사람들은 그런 혼들 없이도 같은 능력을 행할 수 있다는 것을 나는 올코트 대령에게 보여 주었다. 벨 소리, 생각을 읽는 것, 똑똑 소리 등 물리적인 현상들은 아스트랄 기관을 통해서 활동할 수 있는 사람이라면 누구나 할 수 있다는 것을 그에게 보여 주었다. 나는 4살 이후부터 그런 능력이 있어서 가구들을 움직이고, 물건들을 날아다니게 할 수 있다는 것 또한 그에게 말했다. 나는 올코트 대령에게 이와 관련하여 전체적인 진리의 모습을 모두 전해 주었다. 그리고 세계에 있는 초인들(Adepts), 형제들(Brothers)들을 알게 되었다는 것도 말해 주었다. 또한 오늘날에도 그분들이 우리 곁에 존재하고 있다는 것을 일러 주었다."

　당시 유행처럼 번지던 영매 현상을 직접 본 후에 블라바츠키 여사가 동생에게 쓴 편지를 보면 심령주의의 섬뜩한 면이 여실히 드러난다.

　"영매를 보면 볼수록 인류가 점점 더 위험에 둘러 싸여 있다는 것을 보게 된다. 이 혼 없는 피조물들, 그리고 지상의 육체의 그림자들을 나는 본다. 그들 대부분은 혼과 영이 떠난 것들로 강령회에 오는 방문객뿐 아니라, 영매들의 활력 에너지를 먹고 사는 반물질의 그림자들이다. …… 그 과정을 보면 소름이 돋는다. 그 장면은 종종 보는 사람을 현기증 나게 만들지만, 그것을 보아야 한다. 내가 할 수 있는 것은 그 구역질이 나는 피조물들을 어느 정도의 거리에 있게 하면서 더 이상 다가오지 못하게 하는 것이다. 심령주의자들이 이 그림자들을 환영하는 것을 지켜본다. 그 사람들은 이 텅 빈 물질화된 그림자를 입고 있는 영매 주위에서 울고 기뻐한다. 내가 보는 것을 그들이 볼 수만 있다면 하고 자주 생각한다. 이 인간의 복제품들이 전적으로 지상의 욕정, 죄악 그리고 세속적인 생각들로 만들어졌다는 것을 알기만 한다면……. 왜냐하면 이것들은 자유롭게 된 혼과 영을 따라갈 수 없는 찌꺼기들이고, 지상의 공기 속에서 두 번째 죽음을 위해 남겨진 것들이기 때문이다."

　1875년 봄, 블라바츠키 여사의 메모에는 다음과 같이 적혀 있다.

"영매들이 보여 주는 현상과 영매에 대한 진실을 일반 대중에게 알려줄 것을 나는 스승으로부터 명령 받았다. 이제부터 나의 순교가 시작될 것이고, 기독교인들과 비평가들을 포함한 모든 심령가들의 적이 될 것이다. 당신의 뜻이, 오……! M, 이루어질 것입니다."

같은 해, 블라바츠키 여사는 그녀에게 큰 힘을 보태게 되는 또 다른 사람을 만나게 되는데, 바로 윌리엄 저지이다. 그 역시 영적인 현상에 관심을 갖고 있다가 올코트 대령이 쓴 책을 읽고, 그녀에게 연락하여 만나게 된 것이다. 윌리엄 저지가 그녀와 처음 만났을 때 느꼈던 인상은 다음과 같이 남겨져 있다.

"나를 끌어당긴 것은 그녀의 눈이었다. 그 눈은 지나간 오랜 생들에서 알고 지낸 바로 그 눈이었다. 처음 만났을 때에 그녀는 나를 보자마자 곧 알아보는 느낌이었고, 그 표정은 그 이후 줄곧 변하지 않았다."

윌리엄 저지는 나중에 친한 친구에게 다음과 같이 말했다.

"아이시스(Isis, 당시 친한 사람들 사이에서 블라바츠키 여사를 그렇게 부름)가 나의 베일을 걷어 주기 전까지 나는 진실로 의식적인 존재가 아니었다."

1875년 7월, 블라바츠키 여사는 스승으로부터 다시 철학-종교협회를 설립하여 그 회장으로 올코트를 임명하라는 지시를 받았다. 이렇게 해서 뉴욕에서 신지학회가 설립되었다. 신지학의 본질은 인간 속에 있는 신성과 인간성의 조화를 추구하는 것으로, 무엇보다 동물적인 격정을 지배하는 것이다. 친절, 악의나 이기심의 부재, 자비, 만물에 대한 선의(善意), 그리고 자신에 대한 철저한 정의가 그 주요 특징들이다.

선의를 가르치는 사람이 바로 신지학을 가르치는 것이다.

또한 이 당시 블라바츠키 여사는 중요한 변화를 경험했다고 한다. 그해 초, 그녀는 다리를 심하게 다쳐서 거의 절단까지 해야 할 순간에, 이 두 다리를 힌두의 스승이 완전하게 다 치유해 줬다고 한다. 또한 그녀 속에 있는 또 다른 존재를 느꼈다고 한다. 나중에 알게 되었지만, 그 존재는 바로 그녀의 스승이었다.

블라바츠키 여사는 그 스승을 거의 매일같이 만나보았다. 그 스승은 그녀의 행동과 글쓰기에 대하여 충고해 주었다. 그리고 위에서 일어나는 모든 일과 다른 사람들의 생각이 무엇인지를 다 알고 있는 것처럼 보였다고 한다. 그녀가 받은 영감은 '말하고 쓰는 나(I)'가 아니라, '나를 위해서 쓰고 생각하는 상위 자아(higher Self)'였다고 한다.

당시 뉴욕에서 어떤 명망이 높은 인사가 죽으면서 올코트 대령에게 자신의 육체를 화장해 줄 것을 유언했고, 이렇게 해서 미국에서 최초로 화장이 실시되었다. 이 화장에 대한 뉴스가 7천개 저널에 게재되었다. 그리고 바로 이 때문에 신지학회가 신성 모독의 이교도 관습을 들여왔다는 비난이 엄청나게 쏟아졌다.

블라바츠키 여사도 이 분의 화장에 참석하려고 했지만, 인도에서 이미 죽은 육체와 살아 있는 육체를 태우는 것을 충분히 봤기 때문에 굳이 참석하지 않았다. 이렇게 해서 미국에서 최초의 화장이 실행되었다. 그리하여 한 세기가 지난 후에야 비로소 이런 화장 문화가 자연스러운 장례 절차의 일부분이 되었다.

그해 여름부터 블라바츠키 여사는 『아이시스 언베일드(Isis Unveiled)』의 집필을 시작했다. 온종일 약 25페이지 분량의 글을 홀로 쓰면서 보냈다. 그녀는 집필 중 그 누구에게도 상담이나 충고를 요청하지 않았다. 끊임없이 담배를 피워가면서 분명히 미국에는 없을 수많은 책들을 인용하며 아침부터 밤까지 글을 썼다. 이때 그녀가 인용한 수많은 문헌들은 유럽에서도 구하기가 매우 어려운 책들이었다. 또한 거의 찾을 수 없는 통계치 또한 나중에 실제로 확인해 보면 정확하게 일치했다.

많은 사람들이 그녀의 이런 작업 과정과 방식에 놀랐다. 나중에 그녀는 거의 6개월 동안 오트밀만 먹으면서 하루에 17시간씩 글을 썼다. 이렇게 1,200페이지의 책을 마무리하면서 그녀는 당대의 많은 사람들이 반발할 거라고 예상했다. 그래서 수많은 사람들의 비난이 몰려올 것이라 예고했다.

그녀는 또한 밝은 미래가 바로 앞에 있지는 않지만, 어떤 조건이 충족된다면 20세기가 아닌 21세기에 그 가능성이 더 있다고 말했다. 1877년 9월, 『아이시스 언베일드』 두 권이 출판되자마자 곧바로 1,000부가 다 팔려나갔고, 곧 추가 인쇄에 들어갔다.

런던의 〈여론(Public Opinion)〉에서는 이 책을 19세기에 가장 탁월한 작품들 중 하나라고 보도를 했다. 이 두 권의 책은 당시까지 오컬트 주제에 대하여 거의 알려지지 않은 원본의 정보를 가지고 있다고 하면서, 그 속에 있는 가르침과 사상을 보전할 책이라고 말했다. 그리고 이 책들은 신지학을 공부하는 학생들과 신비가들에게 엄청난 가치가 있을 것이라고 했다.

1878년, 블라바츠키 여사는 미국 시민권을 얻었다. 〈데일리 그래픽(Daily Graphic)〉에서 왜 그녀의 나라인 러시아를 포기했는지 물었을 때, 그녀는 "자유를 좋아하기 때문"이라고 답했다. 당시 러시아에는 자유가 없었고 사소한 것들 때문에 벌금을 물어야 했는데, 당시 그녀가 이렇게 자신의 조국에 바친 벌금만도 거의 1만 달러가 넘었다고 한다. 그러면서 그녀는 미국은 위대한 나라이지만 한 가지 큰 단점이 있는데, "사람들이 너무 영악하고 부패가 많다"는 것이라고도 말했다.

윌리엄 저지에 의하면, 신지학회가 창립되고 『아이시스 언베일드』의 집필을 끝내자마자 블라바츠키 여사는 인도로 가야 했다. 그러고 나서 그녀는 영국으로 가야 한다고 말했다고 한다. 또한 그녀는 이렇게 외적으로는 지구상에서 세 지역이 신지학 작업의 활동적인 지점이 되어야 한다는 말을 남겼다고 전한다. 이제 그녀는 미국에서의 모든 작업이 끝났기에 인도로 갈 준비가 되었다.

_ 인도에서의 미션

HPB(지인들이 블라바츠키 여사의 이름을 줄여서 부른 이름)가 인도로 향할 무렵, 인도는 영국이 통치하고 있었다. 이 당시에는 과학과 상업, 기독교와 군국주의가 합쳐진 유럽 문명이 엄청나게 강력한 것처럼 보였기에, 점점 더 많은 교육을 받은 인도 사람들이 서구 문명을 받아들일 수밖에 없었다.

이러한 시대적 배경으로 기독교로의 개종 역시 엄청 빠르게 진행되는 듯 보였다. 그러나 갑작스럽고 예상하지 못한 파도가 이 모든 흐름을 바꾸었다. 러시아, 영국, 미국에서 온 명망 있고 힘 있는 사람들이 동양의 고대 지혜에 대한 존경을 바치고 선언하기 시작했던 것이다.

1940년에 인도의 유명한 철학자인 라드하크리슈난(Radhakrishnan)은 이렇게 표현했다.

"모든 정치적·경제적인 실패로 우리 인도인들이 자기 문화의 가치와 활기를 의심할 때, 신지학 운동이 그 가치들과 사상들을 온 세계에 보여주면서 엄청난 기여를 했다. 신지학 운동이 인도 사회에 미친 영향은 헤아릴 수가 없다."

그래서일까, 인도 정부에서도 1975년, 신지학회 설립 100주년을 맞아 신지학회 휘장과 '진리보다 더 고귀한 종교는 없다'는 모토를 담은 기념우표를 발행하기도 했다.

블라바츠키 여사가 인도에 도착한 후 초기에는 신지학 운동의 성과가 그리 잘 나타나지 않았다. 동인도 회사에서 그녀의 일거수일투족을 감시했고, 종종 그녀가 보내거나 그녀에게 오는 편지를 중간에 압수하기도 했다.

인도인들 또한 신지학 운동에 의심을 갖고 있었기에 변화가 쉽지 않았다. 그러나 그녀는 자신이 편집한 잡지인 〈신지학자(The Theosophist)〉를 전 세계로 발행하기 시작했다. 그리하여 신지학을 접해 보지 못했던 서구 사람들도 이 잡지에 게재된 글을 읽기 시작하면서 더욱 관심이 높아져 갔다.

이 당시 블라바츠키 여사의 저서 『아이시스』를 읽고 그녀를 만나기 위해서 찾아온 인도인이 있었는데, 후에 신지학 운동의 중심 역할을 한 사람들 중 한 명이었다. 그는 다모다르 마발란카르(Damodar Mavalankar)였다. 그의 가족이 신지학을 포기하는 조건으로 엄청난 돈을 주겠다고 했지만, 그는 이것을 받아들이지 않았다.

다모다르는 신지학을 만나게 된 순간을 이렇게 말한다.

"지금 살고 있는 삶과 이전에 살았던 삶 사이에는 엄청난 틈(gap)이 있다고 해도 과장이 아니다. 이전에 나는 더욱 더 많은 땅, 사회적 지위 그리고 변덕과 식욕을 채우는 것에만 관심이 있었다. 신지학을 공부하면서 나의 의무, 나의 나라, 그리고 종교에 대한 새로운 빛을 받았다."

다모다르는 '히말라야의 형제들'이라고 불리던 분들을 지칭하는 것으로 '마하트마(Mahatma)'라는 용어를 처음으로 도입한 신지학도였다. 물론 마하트마가 완전히 새로운 용어는 아니었다. 하지만 고대 인도에서 현자들을 지칭할 때 사용되었던 용어였기에, 이는 나중에 신지학회에서도 자연스럽게 받아들여졌다.

_ 인도 북쪽으로의 여행

블라바츠키 여사는 이제 인도 뭄바이에서 서서히 인도의 북쪽으로 여행을 시작했다. 그녀는 1880년 가을, 인도 북부에 있는 쉼라(silma)로 가서 시네트(Sinnett) 씨를 만났다. 당시 그는 인도에서 가장 영향력이 있는 신문 중 하나인 〈파이오니어(The Pioneer)〉지의 편집장이었다. 그는 블라바츠키 여사가 인도에 왔다는 소식을 듣고 당장 만나고 싶어 했다.

시네트 씨는 블라바츠키 여사 일행을 환대해 줬다. 그리고 거기서 그녀는 많은 사람들과 만날 수 있었다. 후에 그녀는 이곳에서 인도 국민당의 아버지라고 부르는 알란 흄(Allan Hume)도 만났다. 흄은 나중에 신지학회 회원으로 가입했다.

블라바츠키 여사는 시네트 씨의 집에 머무는 동안 많은 신비스러운 현상들을 보여 주었다. 그리고 나중에 시네트 씨가 경험하고 목격한 현상들을 『오컬트 세계(The Occult World)』라는 책에 담아 출판했다. 이 책은 영국에서 상당한 반향을 불러 일으켰다. 또한 나중에 그는 대스승 중의 한 분과 철학적이고 과학적이며 형이상학적 주제들에 대한 서신 교환을 했다. 이 편지들을 통하여 『비전 불교(Esoteric Buddhism)』라는 책을 출판했다.

이 책은 인간과 우주에 대한 진화의 새로운 사상을 열었고, 과학계와 신학계를 깜짝 놀라게 만들었다. 이전에는 거의 알려지지 않았던 카르마(Karma)나 환생(Reincarnation)이 이제 사람들의 대화에서 자주 등장하기 시작했다. 신문에는 이 새로운 사상에 대하여 많은 비평들로 가득 찼지만, 그것은 씨앗을 뿌린 결과 중 하나일 뿐이었다.

대스승 'KH'께서 이와 관련하여 시네트에게 쓴 편지를 인용하면 다음과 같다.

"지식은 점진적으로 전달될 수 있다. 최고의 비밀들 중 어떤 것들은 그대가 듣기에 미친 헛소리로 들릴 것이다. …… 오컬트 과학은 비밀을 갑자기 혹은 편지나 구두로 전달하는 것이 아니다. …… 우리가 의도적으로 비밀을 감춘다고 생각하는 것이 일반 사람들의 공통된 오해이다. …… 초심자가 깨달음의 정도에 필요한 조건을 성취하기 전까지는 그가 비밀을 받을 자격이 안 되거나 적합하지 않다. 받아들이려는 수용성과 가르치려는 욕망이 똑같아야 한다. 깨달음은 내면에서 온다."

이윽고 블라바츠키 여사 일행은 베나레스(Benares)로 갔으며, 거기서 맥스 뮬러 교수의 후배이자 제자인 티바우트(Thibaut) 교수를 만났다. 그날 저녁에는 요가가 대화의 주제가 되었다. 티바우트 교수가 그녀에게 말했다.

"블라바츠키 여사님. 여기에 있는 성직자들이 이르길, 고대에는 씨디스(심령 능력)를 계발했던 요기들이 있었으며, 매우 놀라운 일들을 행할 수 있었다고 말합니다. 그러나 지금은 그런 사람이 없다고도 합니다."

그러자 블라바츠키 여사가 의자에서 일어서서 말했다.

"그들이 그렇게 얘기하나요? 이제는 아무도 그렇게 할 수 없다구요? 그럼 제가 보여드리죠. 그들에게 말해주세요. 만약 그들이 서구의 스승들에게 덜 아첨하고, 자신들의 악을 덜 좋아하면서 동시에 여러 면에서 그들의 고대 선조들처럼 한다면, 창피한 고백을 하지 않았어도 된다고 전해 주세요. 또 그들 경전의 진실을 증명하기 위해서 나이가 든 뚱뚱한 서구 여자가 없었어도 된다고 말해주세요."

이렇게 말하고 나서 블라바츠키 여사는 장엄한 몸짓으로 허공 속에 오른손을 휘저었다. 바로 그때, 10여 개의 장미꽃이 함께 있던 사람들 머리 위로 우르르 떨어졌다. 그 자리에 있던 사람들이 놀라움에 잠긴 것은 말할 것도 없었다.

이날의 모임이 끝나갈 무렵, 그 교수가 만남의 선물로 장미 한 송이를 가져갈 수 있냐고 물었다. 사실 이 교수의 의도는 첫 번째 보여준 장미꽃이 속임수였다면, 두 번은 다시 하지 못할 것이라 생각하면서 꺼낸 요청이었다. 하지만 블라바츠키 여사가 기꺼이 원하는 만큼 다 가져가라고 하면서 다시 한 번 그 장면을 보여 주었다. 그리고 이번에는 훨씬 더 많은 장미꽃들이 사람들의 머리 위로 떨어졌다.

_ 인도 남쪽으로의 여행

　남쪽으로 가는 도중 블라바츠키 여사 일행은 스리랑카에 들렀다. 거기서 많은 사람들이 신지학회에 가입을 했다. 그중 16살이 된 아나가리카 다르마팔라(Anagarika Dharmapala)가 있었다. 그는 후에 아시아에서 불교 부흥을 위하여 엄청 큰 역할을 한 사람이다. 그가 나중에 〈아시아(Asia)〉라는 잡지에 쓴 글을 보면 다음과 같다.

　"블라바츠키 여사와 올코트 대령이 마드라스로 가는 길에 콜롬보에 들렀다. 아버지에게 가서 그들과 같이 가서 일하겠다고 했고, 아버지는 승낙하셨다. 그러나 출발 당일, 부모님은 나쁜 꿈을 꾸었다면서 나를 가지 못하게 했다. 다른 승려들, 고위 승려들도 모두 반대했다. 내 마음은 이 여행을 이미 떠나기로 결심했지만, 어떻게 해야 할 줄을 몰랐다. 블라바츠키 여사가 가족들과 승려들을 대면했고 그들을 설득했다."

　그는 또 이렇게도 적고 있다.

　"한번은 내가 육체적으로나 정신적으로 순수하기 때문에 히말라야 형제들과 접촉할 수 있다고 말했다. 또한 19살에 오컬트 과학을 공부하는 데 평생을 보내겠다고 결심했다. 그러나 블라바츠키 여사는 나의 이 계획에 반대했다. '너의 삶을 인류의 봉사를 위해서 바치는 것이 훨씬 더 현명할 것이다. 무엇보다도 붓다의 언어인 신성한 팔리어를 배워라.' 블라바츠키 여사는 아디야를 떠날 때까지 나를 돌봐주었다. 그리고 내 안에 있는 빛을 따르라고 편지를 전해 주었다. 그래서 나는 철저하게 그분의 충고를 따랐다. 크건 작건 살아있는 만물에 대한 사랑, 영적인 영역에서 진보를 방해하는 관능적인 쾌락을 버리려는 욕망, 그리고 인류의 발전을 위해서 선한 행동들을 하려는 불굴의 노력이 HPB라는 굉장한 분과 만난 이후 영적 중심추가 되었다."

이렇게 블라바츠키 여사 일행은 인도의 북부 지역을 여행한 후 인도 남부로 힘든 여행을 시작했다. 그리하여 드디어 마드라스(Madras)에 도착했고, 신지학회 본부를 이리로 옮기게 되었다. 또한 여기에서 수바 로우(T. Subba Row)는 처음으로 블라바츠키 여사를 만나게 된다.

수바 로우는 블라바츠키 여사와 올코트 대령을 만나기 전까지 산스크리트 문학에 대한 지식이 거의 전무했다. 학생일 때 영어 수필 쓰기나 심리학 분야에서 상을 받았지만, 신비주의나 인도 종교 혹은 형이상학에 대해서는 흥미가 없었다. 그러나 이들을 만나면서 오랫동안 잊고 있었던 오컬트 경험의 지식 창고가 열렸고, 과거 생에 대한 기억들이 돌아왔으며, 그의 스승을 알아보게 되었다. 이렇게 해서 수바 로우는 신지학 운동을 지원하는 중요한 역할을 했지만, 34살이라는 젊은 나이에 세상을 떠났다.

한편, 블라바츠키 여사는 마드라스에 있는 동안, 글을 쓰는데 많은 시간을 보냈다. 특히 이 시기에는 〈신지학자(The Theosophist)〉에 글을 기고하는데 전념했으며, 이때 거의 700 페이지가 넘는 글들을 내보냈다.

이즈음 런던 신지학회에서 불협화음이 나왔고, 설상가상으로 블라바츠키 여사의 건강이 많이 악화되어 연차 총회에 목발을 짚고 나오게 되었다. 담당의사는 그녀에게 당분간 주변 환경을 바꾸지 않으면 3개월 안에 죽고 말 것이라는 처방을 내렸다. 그래서 런던 신지학회의 문제도 해결하고, 건강 회복을 위해서 블라바츠키 여사는 유럽으로 떠나게 되었다.

블라바츠키 여사는 프랑스 니스를 방문한 후 『시크릿 독트린(The Secret Doctrine)』 작업을 하기 위해서 파리에 잠시 동안 정착했다. 그녀는 다시 독일과 런던으로 갔다가 인도로 돌아왔지만, 여전히 건강이 심각하게 악화된 상태였다. 결국 의사들은 그녀를 포기하고, 자신들이 할 수 있는 것은 없다고 선언했다.

쿠퍼 오클리 부인이 그날 밤, 블라바츠키 여사 곁을 지키고 있었다. 그리고 오클리 부인의 남편은 화장 허가서를 발급 받기 위해서 마드라스 정부로 갔다. 오클리 부인은 그 당시를 다음과 같이 회고했다.

"여러 명의 사람들이 블라바츠키 여사의 부름을 기다리면서 밖에서 속삭이며 앉아 있었다. 바로 그때 갑자기 베란다에 대스승 M이 물현화하여 블라바츠키 여사의 방으로 빠르게 들어갔다. 한편, 밖에서는 사람들이 물러나 있었다. 블라바츠키 여사가 회복했을 때, 그녀의 스승이 와서 두 가지 선택을 제시했다고 한다. 하나는 죽어서 평화 속으로 들어감으로써 그녀의 순교를 끝내는 것, 또 다른 하나는 『시크릿 독트린』을 쓰기 위해서 몇 년을 더 사는 것이었다."

한편, 블라바츠키 여사가 인도 신지학회 본부를 잠시 떠난 사이에 문제가 발생했다. 그녀를 가까이서 보필했던 콜롬보 부부가 신지학회 활동과 블라바츠키 여사가 보여준 영적 능력들이 모두 사기라고 비방하는 사건이 크게 일어났던 것이다. 이 사건으로 블라바츠키 여사는 많은 상처를 받았으며, 그녀가 원치 않았지만 결국 인도를 영원히 떠나게 되었다.

_ 유럽에서의 활동

블라바츠키 여사는 힘겹게 인도를 떠나서 이탈리아의 토레 델 그레코에 잠시 머물렀다. 그러다가 독일의 뷔르츠부르크로 와서 당대 거작인 『시크릿 독트린(The Secret Doctrine)』의 상당 부분을 집필하게 되었다. 여기서부터 콘스탄스 바흐트마이스터 백작 부인이 블라바츠키 여사를 도와주기 시작한다. 블라바츠키 여사의 건강 상태가 많이 안 좋아서 백작 부인이 먼저 그녀를 도울 것을 요청했지만, 그땐 블라바츠키 여사가 거절했다.

하지만 블라바츠키 여사의 스승이 백작 부인을 부르라고 했으며, 그렇게 해서 한 방에 칸막이를 친 상태로 함께 머물게 되었다. 백작 부인은 이후 블라바츠키 여사가 세상을 떠날 때까지 같이 살았다. 나중에 백작 부인은 『H. P. 블라바츠키와 시크릿 독트린에 대한 회상』에서 다음과 같이 회고한다.

"블라바츠키 여사가 책을 쓰면서 나에게 옥스포드 보들리 도서관에 가서 본인이 아스트랄 빛 속에서 본 것을 확인해줄 수 있는 사람이 있는지 물었다. 그리고 그런 사람이 있으면, 그 사람에게 책 제목과 페이지 등을 알려주고 확인해 달라고 요청했다. 나중에는 내게 더 힘든 일을 주었는데, 바티칸에 있는 사본에서 발췌한 구절을 확인하는 일이었다. 내 친척을 통해서 그 구절을 확인해 보니, 겨우 두 단어만 틀리고 나머지는 모두 맞았다. 나는 그밖에도 블라바츠키 여사가 원하는 정보는 모두 친구를 통하거나, 혹은 신문이나 잡지를 통해서, 때로는 책을 통해서 반드시 찾아 주었다."

또 백작 부인은 블라바츠키 여사가 다른 사람을 대하는 것이 각 사람마다 모두 달랐다고 했다. 그러면서 자신의 경험을 털어 놓았다.

"제가 처음 블라바츠키 여사를 만났을 때, 나는 세속적인 여자였습니다. 제 남편의 정치적인 입지를 통해서 저는 사회에서 어떤 위치를 차지했습니다. 그래서 지금까지 삶에서 가장 원해 오던 것들의 공허함을 깨닫는 데 많은 시간이 걸렸습니다. 게으르고 편안하며 높은 지위의 삶이 가져다주는 자신 속의 만족감을 정복하기까지 많은 수련과 저 자신과의 많은 싸움을 했습니다. 블라바츠키 여사의 말을 인용하면, '아주 많은 것을 제거해야 됐다'고 합니다."

그리고 얼마 지나지 않아서 〈호지슨 보고서(Hodgson Report)〉가 발표되었다. 신지학회와 블라바츠키 여사의 심령 현상이 사기라는 보고서였다. 백작 부인의 회고에 따르면, 그것은 블라바츠키 여사에게 큰 상처를 주었고, 그것으로 모든 것이 끝났다고 생각했다고 한다.

이 사건으로 블라바츠키 여사를 계속 충실하게 도와준 사람들과 그녀를 떠난 사람들이 구분되었다. 또 이 보고서 덕분에 아이러니컬하게도 신지학에 대한 관심이 더 높아졌다고 한다. 그 이전까지 신지학을 몰랐던 사람들이 신지학이 무엇인지에 대하여 접하게 되었다. 그래서 신지학을 알고자 하는 모임들이 더 많이 생기게 되었다.

어느 날 저녁, 블라바츠키 여사는 그때 상황을 이렇게 묘사했다고 한다.

"당신에게 향하는 많은 나쁜 생각들과 흐름들이 어떤 것인지 당신은 모른다. 그것은 마치 수천 개의 바늘들이 찌르는 것 같다. 그래서 나는 지속적으로 보호벽을 만들어야 했다."

우리가 다른 사람들에 대하여 갖는 생각이 얼마나 중요한지를 잘 보여주는 대목이다.

이윽고 블라바츠키 여사는 무더운 독일에서 잠시 피해서 동생, 그리고 동생의 딸인 조카 베라와 벨기에의 오스텐드(Ostend)에 같이 머물게 되었다. 이때 조카딸인 베라가 경험한 것을 전했다.

"아침에 내려오면 숙모가 일을 하는 것을 보았습니다. 어느 날, 숙모 얼굴에 당황해 하는 기색이 역력해 저는 가까이 다가가 숙모가 말씀하길 기다렸습니다. 마침내 '베라!' 하고 부르시더니, 파이(pi)가 뭔지 아느냐고 물었습니다. 그래서 그건 일종의 영국 음식이 아니냐고 했더니, 장난하지 말라고 하셨습니다. 그러시면서 약간 조급하게, '너한테 있는 수학적 능력을 물어보는지 아직도 모르겠냐'고 되물으시면서 어서 와 보라고 하셨습니다. 그 페이지를 보니까, 'π = 31'4159'로 잘못 쓰여 있었습니다. 그래서 그게 아니라 'π=3.14159'라고 고쳐주니까, 맞다고 하시면서 아침 내내 이 콤마가 마음에 걸렸다고 하셨습니다. 그러고 나서 '너희 엄마와 너한테 여러 번 말했듯이, 내가 쓰는 것은 받아쓰는 것이고, 가끔 내가 하나도 모르는 사본이나 숫자 혹은 말들을 눈앞에서 그냥 보고 있다고 그랬지'라는 말씀을 하셨습니다."

블라바츠키 여사의 건강은 점점 더 나빠졌다. 이 기간에 시네트 씨가 『블라바츠키 여사의 삶에서의 일화들』이라는 책을 출판했다.

이 책에서 그녀의 놀라운 모습과 인간적이고 따뜻한 면들을 잘 묘사했다. 결국 이 책은 대중들에게 폭넓게 퍼졌으며 깊은 인상을 심어 주었다.

_ '루시퍼'라는 이름에 얽힌 사연들

이후 블라바츠키 여사는 영국으로 옮긴 후 '블라바츠키 로지(lodge, 집회소 – 편집자 주)'를 만들었다. 그리고 『시크릿 독트린』의 저술 작업을 끝내기까지 약 1년 조금 넘게 남았기에, 그보다 먼저 정기 간행물을 출판하기로 결정했다. 그 이름은 〈루시퍼(Lucifer): 빛의 전달자(Light - bringer)〉로 정했다. 이 정기 간행물의 이름 때문에 기독교계에서 많은 반발이 일어났다. 그리고 이 '루시퍼'라는 이름 때문에 지금까지도 기독교에서는 블라바츠키 여사를 사탄 혹은 악마라는 터무니없는 주장으로 일관하고 있다. 이 〈루시퍼〉에 실렸던 글 중 「그 이름에는 무엇이 있는가?(What's in a Name?)」라는 시작 부분에서 블라바츠키 여사는 다음과 같이 설명한다.

"이 간행물의 이름을 루시퍼(Lucifer)라고 부르는 것에 대하여 비난하는가? 멋진 이름이다. Lux, Lucis는 '빛'이고, ferre는 '옮기다'라는 의미로 '빛의 전달자' 혹은 '빛을 옮기는 자'이다. 이보다 더 나은 이름이 있을까? 루시퍼가 추락한 혼과 동의어로 된 것은 오직 밀턴의 『실락원』 때문이다. 이 간행물의 첫 번째 목적은 초기 기독교인들이 크리스트(Christ)로 사용한 이 이름에 대한 오해의 오점을 없애는 것이다. 그리스어로 에오스포러스(Eosphoros), 로마어로 루시퍼(Lucifer)이며, 이것들은 환한 밝은 태양빛의 전조로 새벽 별인 비너스(Venus)의 명칭이다. 크리스트(Christ)가 자신에 대하여 말하지 않았는가? '나, 예수는 …… 환한 새벽 별이다(요한계시록 22:16).' 우리의 간행물도 또한 새벽의 창백하고 순수한 별처럼 진리의 환한 새벽을 알리도록 하자. 모든 부조화와 글자 그대로의 모든 번역들을 혼에 의한 진리의 한 가지 빛 속에 합치도록 하자."

한번은 블라바츠키 여사가 로지에서 젊은 자원자들이 열띤 토론을 하다가 어떤 딜레마에 봉착했다. 그래서 블라바츠키 여사에게 물어보기로 하고, 그녀 방에 노크를 하고 나서 물었다.

"여사님, 신지학을 공부하는 데 필요한 가장 중요한 것은 무엇인가요?"

"상식이지."

"여사님, 그럼 두 번째는 무엇인가요?"

"유머."

"세 번째는요?"

이 시점에서 그녀의 인내심이 약간 줄어들었던 것 같다.

"조금 더 많은 상식!"

또 한번은 당시 젊은 아일랜드 사람이었던 찰스 존스턴이 블라바츠키 여사를 방문했다. 그는 더블린의 신지학회 창단 멤버 중 한 명이었다. 그리고 거기엔 윌리엄 버틀러 예이츠와 다른 작가들이 속해 있었다. 이후 찰스 존스턴은 힌두 문학 번역가로 유명해졌다. 그는 블라바츠키 여사와의 만남을 이렇게 회고한다.

"사람의 얼굴 속에서 진정한 경외감과 존경을 보았다면, 그것은 블라바츠키 여사가 자신의 스승에 대하여 말할 때 나타난 그녀의 표정이었다. 내가 그 스승의 나이를 물었을 때, '정확히 나도 모릅니다. 하지만 이렇게 말할 수 있을 것입니다. 제가 20살 때 그분을 만났습니다. 그 당시 그분은 전성기에 있었습니다. 지금 저는 나이 든 늙은 여자가 되었습니다. 그러나 그분은 하루도 나이가 들지 않았습니다. 이것이 제가 말할 수 있는 전부입니다'라고 그녀는 대답했다."

그리고 그녀는 다른 초인들에 대해서도 말했다.

"남인도, 티베트, 페르시아, 중국, 이집트와 그리스, 헝가리, 이탈리아, 영국에 있는 초인들. 그분들 사이에는 서로 연결 고리가 끊어지지 않습니다. 그분들은 대자연에서 반드시 필요한 존재이며, 인류의 영적인 생명이 살아 있도록 합니다. 또한 그분들은 인간의 혼을 안내하며, 우리가 이해하기 어렵지만 직접 가르치십니다."

찰스 존스턴은 그녀에게 다시 질문을 했다.

"신지학자로서 당신은 무엇을 가르치나요?"

블라바츠키 여사는 대답했다.

"우리는 형제애를 가르칩니다. 애매하고 일반적인 이야기보다 구체적으로 말해 볼까요. 영국인들을 예로 들어 보죠. 그 사람들이 얼마나 잔인한지 그리고 가련한 힌두인들을 얼마나 나쁘게 다루는지 보시죠."

그래서 찰스 존스턴은 영국인들이 인도인들을 위하여 물질적으로도 많은 혜택을 주었다고 반론을 제기하자, 그녀는 말했다.

"만약 당신이 항상 도덕적으로 짓밟는다면 그런 것이 무슨 소용이 있나요! 영국인들은 힌두인들을 돼지라고 부르고, 열등한 민족이라고 항상 느끼게 만듭니다. 우리 인류에게는 열등한 민족이란 없습니다. 모두가 하나이기 때문입니다."

블라바츠키 여사는 이어서 흑마법의 위험에 대하여 강조했다. 최면과 암시는 엄청 위험한 힘이라는 것. 아마도 좋은 의도와 올바른 목적을 가지고 시작할지 모르지만, 상대방의 의지를 훔치는 것이기 때문에 위험하다고 강조했다. 그래서 그녀는 사람들의 마음을 정화함으로써 흑마법이 오용되는 것으로부터 보호할 수 있다고 말했다.

_『시크릿 독트린』이라는 대작의 탄생

드디어 1888년 11월에 『시크릿 독트린(The Secret Doctrine)』 제1권이, 12월에 제2권이 출판되었다. 그리고 이 책들의 부제는 '과학, 종교 그리고 철학의 통합'으로 붙여졌다. 제1권은 우주 발생론을, 제2권은 인간 기원론을 다루고 있다.

그리고 이 책의 제1권이 출판되자마자 곧바로 다 팔렸다. 제2권이 나올 때쯤에 〈폴 몰 가제트(Pall Mall Gazette)〉와 〈리뷰 중 리뷰(The Review of Reviews)〉의 유명한 편집장이었던 스테드 씨는 『시크릿 독트린』의 두 권을 리뷰해 줄 사람을 찾지 못하고 있었다. 보통 리뷰를 해주던 사람들이 모두 거절했기 때문이다.

이때 스테드 편집장은 애니 베전트(Annie Besant)를 떠올렸다. 당시 그녀는 자유사상가이자 급진 정치 운동가였다. 그리고 페미니스트였으며, 페이비안 사회주의로 초기에 전향한 사람이었다. 페이비안 사회주의는 영국의 사회주의로 혁명적 방법보다 계몽과 개혁을 통한 이념 실천을 활동 방법으로 한 사상이다.

또한 애니 베전트는 사회 운동가이자 개혁가이고 유명한 연설가이기도 했다. 그녀는 『시크릿 독트린』의 제1권, 제2권을 받았을 때, 그 무렵 자신의 심리적 변화에 대해 자서전에서 다음과 같이 회고했다.

"사회의 질병을 치료하기 위해서, 가진 것 이상의 어떤 것이 필요하다는 느낌이 점점 더 커져갔다. 이타적인 사람들을 조직화하려는 노력이 실패했다. 자기희생을 헌신하는 진정한 운동이 없었다. 그런 운동을 찾으면서 점점 더 절망감이 나를 짓눌렀다. 1886년 이후부터 나의 철학이 충분하지 않다는 확신이 서서히 자랐다. 심리학이 빠르게 발전하고, 최면 실험이 인간 의식의 복잡한 것을 나타내고……. 그 가운데 어둠 속으로 한줄기의 빛이 들어왔다. 즉, A. P. 시네트의 『오컬트 세계』가 내가 상상하는 것보다 더 폭넓은 법칙 하의 자연에 대한 것을 설명하고 있었다. 심령주의 공부를 추가하면서 개인적으로 실험을 해보지만, 심령에 대한 영적인 설명이 믿기 어려웠다."

결국 1889년 초, 스테드 편집장은 애니 베전트에게 『시크릿 독트린』의 리뷰를 정식으로 요청했다. 이때의 경험을 애니 베전트는 다음과 같이 말한다.

"『시크릿 독트린』의 한 페이지, 한 페이지를 넘길수록 흥미가 느껴져 점점 더 책 속으로 빨려 들어갔다. 그 내용이 너무 익숙한 것처럼 보였다. 너무 자연스럽고, 너무 일관성 있고, 너무 섬세하고, 그러면서 너무 지성적이었다. 그동안 내게 끊어져 있던 사실들이 거대한 전체의 일부분으로 연결되는 듯한 그 빛에 눈이 부셨다. 그리고 내 안에 있던 모든 수수께끼와 문제들이 사라진 것처럼 보였다. 그런 느낌은 환영이었다. 그러나 곧 직관이 이해한 것을 두뇌가 점진적으로 소화하기 시작했다. 결국 그 빛을 보았다. 그리고 힘겨운 탐색이 끝났고, 나는 바로 그 진리를 찾았다는 것을 알았다. 그때 바로 편집장에게 이 책의 저자를 소개해 달라고 요청했다."

애니 베전트의 요청에 블라바츠키 여사도 그녀를 만나고 싶다고 답장을 했다. 그렇게 만남이 이루어졌고, 후에 애니 베전트가 신지학회에 가입했다. 블라바츠키 여사는 이 소식을 친척들에게 이렇게 알렸다.

"물질주의자들과 무신론자들과의 싸움이 점점 더 악화될 것이다. 왜냐하면 그들이 아끼는 애니 베전트를 내가 꾀어서 진리의 길에서 벗어나도록 했기 때문이다. 모든 자유사상가들, 자유주의자들이 나의 적이 될 것이다. 애니 베전트는 정말 놀라운 여성이다! 스커트를 입은 완전한 데모스테네스(고대 그리스의 유명한 웅변가이자 정치가 - 편집자 주)이다. 우리한테 없는 유창한 연설가이다."

_『침묵의 소리』를 남기고 떠나다

1889년 중순경, 블라바츠키 여사는 프랑스의 퐁텐블로로 가게 되었다. 신지학 역사에서 이곳이 중요한 것은 블라바츠키 여사가 여기에서 『침묵의 소리(The Voice of the Silence)』의 대부분을 썼기 때문이다.

애니 베전트는 이때를 기억하길, 블라바츠키 여사가 『금단의 서(The Book of the Golden Precepts)』에서 놀라운 단편을 번역하고 있는 것을 보았다고 했다. 이때 블라바츠키 여사가 작업한 원고는 지금 '침묵의 소리'라는 제목으로 알려진 책이다. 『침묵의 소리』는 『금단의 서』라는 고대 문헌 등에서 발췌하거나 찾아 모아서 집필한 것으로, 영어로 번역을 한 것이다.

영국의 계관 시인인 테니슨이 죽음이 다가올 때 이 시를 읽어왔다고 알려져 있고, '의식의 흐름'이라는 용어를 처음 사용한 미국의 심리학자이자 철학자인 윌리엄 제임스도 『종교적 체험의 다양성』에서 『침묵의 소리』의 한 구절을 인용했다. 또 선불교를 서구에 알리는 데 큰 공헌을 한 스즈키(Suzuki) 박사도 『침묵의 소리』를 읽고, 그의 약혼자인 베아트리스 레인(Beatrice Lane)에게 쓴 편지에서 "이 책 속에 진정한 대승 불교가 있다"고 말했다고 한다.

블라바츠키 여사가 영국을 잠시 떠난 사이 『신지학의 열쇠(Key to Theosophy)』가 출판되었다. 이 책은 대화 형식으로 되어 있으며, 신지학에 대하여 좀 더 심오한 공부를 준비하게 해주는 열쇠라고 한다. 이 책에서 다루는 주요 내용들을 보면, 사후 상태의 성질, 정신의 신비, 인간과 우주의 칠중 구조, 윤회와 카르마 등등이다.

블라바츠키 여사의 건강은 이제 점점 더 악화되어서 일하는 것이 금지되었다. 무엇보다도 휴식을 취하며 건강을 회복하는 것이 가장 중요했다. 그런데도 그녀는 계속해서 글을 쓰고 가르쳤다. 블라바츠키 여사의 로지에서 있었던 미팅에서 사람들이 질문하고 그녀가 대답한 내용들이 『블라바츠키 로지의 대화록(Transactions of the Blavatsky Lodge)』이라는 이름으로 출판되었다.

블라바츠키 여사는 그녀가 살아 있던 나머지 몇 개월 동안 『신지학 용어집(Theosophical Glossary)』을 준비했고, 사후에 출판되었다. 그리고 오컬트 소설인 『악몽 이야기(Nightmare Tales)』가 다양한 간행물에 게재되었지만, 나중에 『숨길 수 없는 미술관(The Tell-tale of Picture Gallery)』이라는 제목으로 다시 출판되었다.

1891년 4월, 당시 런던에는 감기가 대유행이었다. 블라바츠키 여사도 감기에 걸렸다. 그리고 그녀는 담당 의사에게 "저는 죽어가고 있어요"라고 말했다고 한다. 블라바츠키 여사는 지상을 떠나기 이틀 전에 쿠퍼 오클리 부인에게 마지막 메시지를 주었다. 그녀는 새벽 3시에 갑자기 위를 쳐다보며 "이사벨, 이사벨, 연결 고리가 끊어지지 않도록 유지하라. 나의 마지막 환생이 실패가 되지 않도록 하라"는 말을 남기고 조용히 눈을 감았다고 한다.

블라바츠키 여사가 떠나기 전후로 다양하고 신비한 많은 일들이 일어났다고 한다. 집안에서는 별안간 깨지는 소리며, 아스트랄 벨소리, 아무도 치지 않는 피아노 소리 등이 들려왔다고 알려져 있다. 또한 가까운 지인들도 이런 신비한 경험들을 많이 했다고 한다.

블라바츠키 여사가 세상을 떠났다는 기사가 많은 신문에 게재되었다. 〈뉴욕 데일리 트리뷴(New York Daily Tribune)〉에서는 다음과 같이 썼다.

"우리 시대의 여성들 중에서 블라바츠키 여사만큼 잘못 알려지고 비방과 중상모략을 당한 사람은 거의 없다. 악의와 무지가 그녀에게 최악으로 상처를 입혔다 하더라도, 그녀의 평생에 걸친 업적이 그런 것들로 손상되는 일은 결코 없을 것이다. 또한 그녀의 업적은 지속될 것이고, 영원히 작용할 것이다. 지난 20년간 블라바츠키 여사는 가장 고귀한 윤리의 기본 원리와 가르침을 전파하는 데 바쳤다. 19세기에 인종, 국가, 계급 그리고 편견의 장벽을 무너뜨리고 형제애의 정신을 심어주려는 시도였다. 그리고 인류의 재건은 이타주의를 계발시키는 것에 바탕을 두어야 한다고 주장했다. 이것만으로도 현재뿐만 아니라 계속해서 위대한 사상가들 중 한 명이 된다. 또한 이번 세대에서 그녀만큼 오랫동안 닫혀 있던 동양의 사상, 지혜 그리고 철학을 다시 여는 데 공헌한 사람은 아무도 없다. 그 심오한 지혜와 종교를 설명하고, 고대의 문학 작품들이 빛나도록 해서 그 깊이와 범위로 서구 세계를 놀라게 한 사람은 아무도 없었다. 동양 철학과 비전 철학에 대한 그녀의 지식은 광범위했다. 그녀의 작품을 읽은 사람은 그 누구도 이것을 의심할 수 없을 것이다. 그녀의 글의 톤과 성향은 건강하고 상쾌하며 고무적이다."

_ 예이츠, 제임스 조이스,
칸딘스키, 몬드리안, 고갱 등에게 끼친 영향

블라바츠키 여사를 만났던 많은 사람들과 그녀의 가르침을 접해 본 사람은 그 영향에서 벗어날 수가 없었다. 근대뿐만 아니라 현대에도 다양한 분야에서 많은 사람들이 신지학을 공부하거나 관심을 갖고 있다. 종교계는 말할 것도 없이 문학계, 예술계, 철학계, 과학계에 미친 영향을 보면, 근대 인류의 사상적 흐름을 바꾸었다는 것이 진정으로 맞는 말이다.

한두 가지씩 예를 들면, 당시 과학계에서 원자는 나눌 수 없다고 했지만,『시크릿 독트린』에서 그것은 나눌 수 있으며 다른 입자들로 구성되어 있다고 설명했다. 또한 원자가 움직이지 않는다고 주장한 과학계와 달리, 원자는 끊임없이 움직인다는 것도 말했다. 시간이 지난 후에 과학계에서 이런 사실을 다 인정했다는 것은 놀라울 따름이다.

인간의 보이지 않는 또 다른 일부분으로 아스트랄체가 이제는 쉽게 받아들여지고 있지만, 당시에는 생소했다. 이 아스트랄체라는 것은 기독교 세계관에서 볼 때 터무니없는 개념이었다. 하지만 과학계에서도 인간의 보이지 않는 부분에 대한 많은 연구에서 진전이 이루어졌다. 그리고 아스트랄 디자인 체에 대한 증거가 예일대 과학자인 헤럴드 팍스턴 버(Harold Faxton Burr)와 S. C. 노스롭(Northrop)에서 전기적 구조라고 부르는 것에서 보게 된다. 살아 있는 개체들 속에는 그 개체를 만드는 전기적인 구조가 있고, 태어나기 이전부터 죽을 때까지 그 몸속에 그대로 있다고 한다. 몸속에 있는 모든 것이 변하지만, 그 구조는 그대로 있다고 한다.

문학계에서의 영향을 보면, 아일랜드의 신지학회 회원으로 적극 활동했던 예이츠는 영적인 현상에 관심이 많았다. 그는 블라바츠키 여사가 운영했던 비전(秘傳) 부문 초기 회원으로 있었다. 그러다가 영적 현상만을 너무 추구하다가 학회를 떠나도록 요청 받았다고 한다. 조지 러셀을 수줍게 찾아간 제임스 조이스도 빼놓을 수가 없다. 제임스가 러셀을 찾아간 주된 이유는 당시 러셀이 동양 철학에 대한 많은 정보를 가지고 있었고, 다른 작가들과 접촉하는 통로였을 것이라고 말한다. 러셀은 신지학에 대하여 회의적이었지만, 주기, 윤회, 영원한 어머니에 대한 믿음 같은 것에 상당한 흥미를 가졌다고 한다. 그 외에도 영향을 받은 E. M. 포스터, D. H. 로렌스, T. S. 엘리엇, 손턴 와일더 등도 있다.

또 다른 예술계를 보면, 근대 추상 예술의 창시자인 칸딘스키와 몬드리안이 있다. 또한 파울 클레와 심지어 상징주의의 대표자인 폴 고갱도 신지학에 영향을 받았다고 한다. 이 사실은 미술 사가인 토마스 부저가『고갱의 종교』에서 밝히고 있다.

음악계를 보면, 구스타프 말러, 그의 친한 친구인 브루노 발터와 공공연하게 환생에 대하여 자주 말했다는 시벨리우스, 그리고 신지학이 매우 강력한 영향력이었다는 알렉산더 스크랴빈이 있다.

또한 앨버트 골드만에 의하면, 엘비스 프레슬리도 블라바츠키 여사의『시크릿 독트린』과『침묵의 소리』를 공부했다고 한다. 그리고 심지어 무대 위에서도『침묵의 소리』에 있는 시 구절을 낭송하기도 했다고 한다.

이렇게 신지학 운동 이후 전 세계적으로 영적인 관심이 폭발적으로 증가했다. 물질문명이 한창인 서구에서 물질계 너머의 세계, 삶의 의미와 죽음 너머의 세계, 등 기존 기독교에서 채워줄 수 없는 어떤 것을 갈망할 때, 동양의 철학과 고대의 지혜가 서양으로 밀물처럼 들어가게 되었다. 이런 영적 문화의 흐름을 만든 사람이 바로 헬레나 페트로브나 블라바츠키 여사였다.

블라바츠키 여사의 삶은 파란만장했고, 구시대 종교와 체계를 고수하려는 사람들에게 수많은 비방과 험담을 들었다. 하지만 그녀는 바로 눈앞의 날들을 위해서가 아니라, 인류의 미래를 내다보고 후

세대를 위하여 씨앗을 뿌린 것이다. 다음은 블라바츠키 여사가 남긴 글 중 하나다. 이 시로 블라바츠키 여사의 소개를 마치고자 한다.

_ 황금의 계단들

깨끗한 생활, 활짝 열린 지성
순수한 가슴, 열의에 찬 지성
베일을 벗은 영적 지각
모든 사람들에 대한 형제애

충고와 지도를 주고받을 준비가 된 자세
스승에 대한 충실한 의무감
일단 스승이 진리를 가지고 있다고 확신했다면
진리의 명령에 기꺼이 따르고자 하는 복종심

개인의 불의에 대한 용기 있는 인내
부당하게 공격받는 사람들에 대한 용맹스러운 변호
그리고 비밀 과학이 설명하는 완성과
인간의 진화라는 이상에서 한시도 떼지 않는 눈

바로 이런 것들이 황금의 계단들로

제자가 신성한 지혜의 사원으로 딛고 올라갈 수 있는

계단들이다.

_ 헬레나 페트로브나 블라바츠키의 주요 저작

『시크릿 독트린(The Secret Doctrine)』

『아이시스 언베일드(Isis Unveiled)』

『침묵의 소리(The Voice of the Silence)』

『신지학의 열쇠(Key to Theosophy)』

『힌두스탄의 동굴과 정글에서(From the Caves and Jungles of Hind-

ostan)』

『신지학 용어집(Theosophical Glossary)』

• 정기 간행물 •

〈신지학자(The Theosophist)〉

〈루시퍼(Lucifer)〉

보리스 드 지르코프(Boris de Zirkoff)가 편집한 『HPB 전집(Collected

Writings)』15권에서 그녀의 수많은 단편들과 메모, 편지 등 모든 글들을 집대성하여 출간했다.

현자는 살아 있는 자를 위해서도,
죽은 자를 위해서도 슬퍼하지 않는다

　　다음에 있는 내용들은 동양의 신비가들 수중에 있는 문헌들 중의
하나인 『금잠(金箴)의 서(The Book of the Golden Precepts)』에서 발췌한
것이다. 이 가르침을 반드시 이해해야 하는 것이 그들의 의무이고,
신지학을 공부하는 많은 학생들도 그 가르침을 받아들이고 있다. 그
리고 나 자신이 이 금잠의 많은 것을 잘 알고 있기 때문에, 그것들을
번역하는 것은 비교적 쉬운 일이었다.

　　인도에서는 심령 능력을 계발하는 방법이 구루(스승)에 따라 다르
다는 것은 잘 알려진 사실이다. 왜냐하면 그들이 속해 있는 학파가
서로 다를 뿐만 아니라,[1] 그 스승들도 각기 자기 나름대로의 체계를
가지고 있어서 일반적으로 그것을 철저히 비밀로 하고 있기 때문이
다. 그러나 히말라야 산맥 너머에 있는 비전 학파(esoteric school)에서
는 구루가 제자들보다 조금 더 알고 있는 라마승의 경우가 아니면,

그 방법에 있어서는 다르지 않다.

내가 여기에 번역한 내용은『시크릿 독트린(The Secret Doctrine)』[2]의 토대가 된『드쟌의 서(Book of Dzyan)』의 스탠져들을 발췌한 원전과 맥락이 같은 것들이다. 나가르주나(용수:Nagarjuna)의 전설에 따르면, '나가(Nagas)'[3]에 의해서 위대한 아라한에게 전해졌다는, 신비 문헌인『파라마르타(Paramartha)』와 이『금잠의 서』는 원전이 같은 것이다.

그러나 그 사상과 금언들은 숭고하고 독창적이지만, 종종 산스크리트 문헌들에서 다른 형태로 나타나기도 한다. 예를 들면, 최고의 비교 문헌인『그냐네쉬바리』[4]에서 크리슈나가 제자 아르쥬나에게, 완전하게 깨달은 요기(요가 수행자 – 편집자 주)의 상태를 휘황찬란한 색채로 묘사한다. 그 밖에도『우파니샤드』에서도 발견된다. 이것은 당연한 것이다. 왜냐하면 고타마 붓다의 첫 제자들인 위대한 아라한들 대부분은 몽고 계통의 사람들이 아닌, 특히 티베트로 이주한 힌두인들과 아리안들이었기 때문이다. 아리아상가(Aryasanga, 요가차리아 학파 창시자로 '아상가(Asanga)'라고도 불렸으며, 근대 학자들은 약 4세기쯤 브라만으로 살았다고 하지만, 블라바츠키 여사는 훨씬 이전이라고 주장했다 – 옮긴이 주)에 의해서 남겨진 문헌들만 해도 상당히 많다.

원래의 금언들은 얇고 길쭉한 사각형 판에 새겨져 있다. 복사본들은 주로 원형판에 새겨져 있다. 이 판들은 일반적으로 대승불교(요가 챠리아 학파) 본당에 붙어 있는 사원의 제단 위에 보존되어 있다. 다양한 표기 방식으로 쓰였는데, 티베트어로 쓰이기도 했고, 대부분은 표의문자로 씌어졌다. 성어(센자르: Senzar)는 그 나름대로의 독자적인 알파벳을 가지고 있었으며, 표음 문자보다는 표의 문자의 성질을 띤 다양한 방식의 암호 문자들로 씌어졌다.

또 다른 방법은 숫자와 색채를 이용하는 방법인데, 각각의 숫자와 색채는 그것에 해당하는 티베트 문자(30개의 단음자와 74개의 복음자로 구성)가 있어서 하나의 완전한 암호 문자를 이룬다. 표의 문자로 쓰였을 경우에는 본문을 읽는 독특한 방법이 있다. 이런 경우 점성학에서 사용되는 상징과 부호들, 즉 12궁도와 7원색이 사용된다. 7원색은 각각 명암의 정도에 따라 밝은 색, 원색, 어두운 색으로 나뉘어져, 말이나 문장을 쓰는 데 사용되는 33자를 나타낸다.

이 방법으로 12궁도를 다섯 번 반복하고, 5원소와 7원색을 첨가하면 60개의 성스러운 글자들과 12개의 부호들로 구성된 완전한 문자가 된다. 문헌의 첫머리에 놓여 있는 부호가 읽는 방법을 결정하는데, 각각의 단어가 단순히 산스크리트어 방식일 때는 인도식에 따라 읽으면 되고, 혹은 중국식에 따라 읽을 수도 있다. 그러나 가장 쉬운 방법은 비전을 받은 신비가들이나 그들을 따르는 사람들 사이에서는 부호나 상징들 자체가 아라비아 숫자들이나 그림처럼 독자가 어떤 특별한 언어나 혹은 그가 특히 선호하는 언어를 사용하지 않고 읽는 방법이다.

중국어 표기 방법 중 하나가 이와 같은 특성이 있어서, 한자에 익숙한 사람은 누구나 쉽게 읽을 수 있다. 예를 들면, 중국 사람이 그 자신의 언어로 쉽게 읽듯이, 일본 사람도 자기 자신의 언어로 쉽게 읽을 수 있다.

『금잠(金箴)의 서』(일부는 불교 이전 시대의 것이고, 다른 부분은 그 이후에 쓰인 것)는 약 90여 개의 소론들로 구성되어 있다. 이것들 중 39개는 여러 해 전에 나는 완전히 터득했다. 나머지 부분들은 번역하기 위해서 지난 20년간 수집해서 정리해 놓지 않은 엄청난 양의 자료들 사이에 여기저기 흩어져 있는 기록들에 의존해야 했기 때문에 결코 쉬운 일은 아니었다. 또한 감각의 대상에 너무 집착해 있으며, 지나치게 이기적으로 되어버린 오늘날, 올바른 정신으로 그런 고결한 윤리를 받아들일 수 있는 준비가 되어 있지 않은 이 세상에 그것들을 모두 번역해서 전할 수도 없다.

왜냐하면 자기 지식의 탐구를 위해서 모든 시련을 인내할 마음이 없다면, 이러한 가르침에 귀를 기울이지 않을 것이기 때문이다.

하여튼 동양 문헌들 속에서, 특히『우파니샤드』속에서 그러한 윤
리들이 주를 이루고 있다. 크리슈나(Krishna)가 제자 아르쥬나(Ar-
juna)에게 말하길, "삶에 대한 모든 욕망을 없애라." 그런 욕망은 "죽
지도 않으며, 죽임을 당하지도 않는 영원불멸"인 대아(SELF) 속에는
머무르지 않으며, 자아 구현의 매개체인 육체 속에만 있다(『카토파
니샤드』).『수타 니파타(Sutta Nipata)』에서도, "감각을 죽여라"라고 가
르친다. "쾌락과 고통, 득과 실, 승리와 패배를 똑같이 보아라." 또한
"영원한 것 속에서만 안식처를 구하라." 크리슈나가 여러 가지 형태
로 되풀이해서 말하는 "분리감을 없애라." "산만한 감각들을 따르는
정신(마나스)은 마치 바다 위에서 바람 부는 대로 표류하는 배처럼,
혼(붓디)을 무기력하게 만든다."(『바가바드기타(Bhagavadgita)』 II, 67)

그러므로 신지학회에 몇 안 되는 진정한 학생들에게 가장 적합하
고 그들의 필요에 부응할 것으로 확신되는 논문들 중에서 선별하
는 것이 바람직했다. 상위 자아(Higher Self)인 크리슈나-크리스토스
(Krishna-Christos)의 가르침을 이해할 수 있는 사람들은 그들뿐이다.

"현자는 살아 있는 자를 위해서도, 죽은 자를 위해서도 슬
퍼하지 않는다. 나도, 그대들도, 사람들의 지배자들도, 결코
존재하지 않은 적이 없다. 이후에도 우리는 모두 영원히 존

재하기를 멈추지 않을 것이다."

(『바가바드기타』II, 11-12)

이 번역에서 원문의 특색인 시적인 아름다움과 이미지를 그대로 살리기 위해서 최선을 다했다. 이 노력이 얼마나 성공적이었는가는 독자들이 판단할 것이다.

1889년

헬레나 페트로브나 블라바츠키(H. P. B.)

1. 힌두교에는 여섯 개의 학파가 있다.

2. 『시크릿 독트린(The Secret Doctrine)』은 블라바츠키 여사의 저작으로, 우주 발생론을 다루는 제1권과 인간 기원론을 다루는 제2권으로 구성되어 있다. 그러나 오컬티즘의 마법 등에 대한 내용을 다룬 제3권이 있다고 하지만, 여사 생전에 출판된 것은 없다.

3. 산스크리트어로 뱀을 뜻하지만, 고대에는 '비전(秘傳)을 받은 자'에게 주어진 이름이다.

4. 『그냐네쉬바리(Jnanesvari)』는 마라티 어로 쓰인 책 이름이고, 『바가바드기타』 문헌과 '그냐네쉬바르'라는 사람이 붙인 주석으로 구성되어 있다.

1. 침묵의 소리

여기에 있는 가르침들은 낮은 차원의 '이디'의 위험을 모르는 제자들을 위한 것이다.[5]

'나다'[6]의 소리, '소리 없는 소리'를 듣고 그것을 이해하고자 하는 자는 '다라나'[7]의 성질을 터득해야 한다.

지각의 대상들에 대해 무관심해진 제자는 감각들의 '라자(왕)', 즉 환영을 일깨우고 생각을 만들어 내는 자를 찾아야 한다.

정신(Mind)은 실재를 말살하는 자(Slayer)이다.

제자로 하여금 그 말살자를 말살하도록 하여라.

왜냐하면,

그가 꿈속에서 보는 모든 형상들이 깨어나면 비현실적으로 보이듯이, 그 자신의 형상이 비현실적으로 보일 때,

그가 수많은 소리를 듣는 것을 멈추었을 때, 그는 외면의 소리를 없애는 내면의 소리, 즉 '유일자(the ONE)'를 구분할 수 있다.

그때 비로소 그는 허위의 세계인 '아사트(Asat)'를 버리고, 진실의 세계인 '사트(Sat)'로 들어서게 된다.

혼이 볼 수 있기 전에 내면의 조화를 이루어야 하고, 육체의 눈은 모든 환영에 눈이 멀어야 한다.

혼이 들을 수 있기 전에, 맹호의 포효 소리가 속삭이는 소리처럼 들리지 않아야 하고, 노호하는 코끼리들의 울음소리도 개똥벌레의 청아한 날갯짓 소리처럼 들리지 않아야 한다.

혼이 이해하고 기억할 수 있기 전에, 마치 점토로 빚은 형상이 먼저 도공의 마음과 일체가 되듯이, 혼은 '침묵의 소리로 말하는 자'와 하나가 되어야 한다.

그때가 되어서야 비로소 혼은 들을 것이고, 기억하게 될 것이다.

그러면 그때 내면의 귀에 말할 것이다.
'침묵의 소리(THE VOICE OF THE SILENCE)'가.

만약 그대의 혼이 삶의 일광욕을 즐기는 동안에 미소 짓는다면, 만약 그대의 혼이 육체와 물질이라는 껍질 속에서 노래 부른다면, 만약 그대의 혼이 환영의 성(城) 안에서 울고 있다면, 만약 그대의 혼이 대스승(MASTER)[8]과 혼을 묶어 주는 은줄을 끊으려고 애쓰고 있다면, 오, 제자여! 그러면 그대의 혼은 이 지상 세계에 속해 있다는 것을 알아야 한다.

피어나고 있는 그대의 혼이[9] 이 세상의 소란에 귀 기울일 때, 그대의 혼이 '거대한 환영'[10]의 울부짖는 소리에 대답할 때, 고통의 뜨거운 눈물을 보고 놀랐을 때, 고뇌의 울부짖음에 귀가 먹었을 때, 그대의 혼은 겁 많은 거북이처럼 '자기 자신(SELFHOOD)'이라는 갑각(甲殼) 속으로 쑥 들어간다. 오, 제자여! 그대의 혼은 침묵하는 신(God)이 머물기에는 가치 없는 성소라는 것을 배워야 한다.

그대의 혼이 점점 더 강해질 때, 그대의 혼은 안전한 피난처로부터 미끄러지듯이 나온다. 그리고 보호하는 성소로부터 벗어나서, 은줄을 연장하며 앞으로 달려간다. 공간의 파장 위에 있는 자신의 이미지를 우러러 보면서 "이것이 나로구나(This is I)"라고 속삭인다. 오, 제자여! 그대의 혼은 망상의 거미줄[11] 속에 잡혔다는 것을 알아라.

제자여, 이 세계는 '비애의 전당(Hall of Sorrow)'이다. 그곳은 '대이설(Great Heresy)'[12]이라는 망상에 의해서 그대의 대아(EGO)를 유혹하는 함정들이 혹독한 견습의 길을 따라서 놓여 있는 곳이다.

오, 무지한 제자여! 이 세계는 여명으로 이끄는 음울한 입구에 불과하며, 그 여명 다음에는 진정한 빛의 계곡이 있다. 그 빛은 어떤 바람에도 꺼지지 않으며, 심지나 기름 없이 타는 그런 빛이다.

대법(Great Law)은 말한다.
"모든 대아를 아는 자[13]가 되기 위해서 그대는 먼저 자신의 대아를 아는 자가 되어야 한다."

그 대아의 지식에 도달하기 위해서 그대는 소아를 버리고 '비자아'가 되어야 하며, 존재를 버리고 '비존재'가 되어야 한다. 그러면 그때 그대는 비로소 '대붕(GREAT BIRD)'의 날개 사이에서 안식할 수 있다. 아! 태어나지도 않고 죽지도 않으며 영원 동안[14] '옴(AUM)'[15]인 그 대붕의 날개 사이에서의 안식은 너무나 달콤하다.

만약 그대가 알고자 하거든, 생명의 대붕에 올라타라.[16]

만약 그대가 살고자 하거든, 그대의 삶을 포기하여라.[17]

오, 지친 순례자여! 세 개의 전당은 그대를 고뇌의 종말로 이끈다. 오, 마라의 정복자여! 세 개의 전당은 그대를 세 가지 의식 상태를[18] 거쳐서 네 번째 상태로[19] 이끌며, 영원한 안식의 세계인 일곱 가지 세계로[20] 인도할 것이다.

그 세 개의 전당을 알고 싶거든, 귀 기울여 듣고 명심해야 한다.

첫 번째 전당의 이름은 '무지(IGNORANCE)', '아비디야(Avidya)'이다.

그 전당 속에서 그대는 빛을 보고, 그 전당 속에서 그대는 살고 죽는다.[21]

두 번째 전당의 이름은 '배움의 전당(Hall of Learning)'이다. 그 전당 속에서 그대의 혼은 생명의 꽃들이 만발한 것을 발견할 것이다. 그러나 그 꽃들 밑에는 뱀이 똬리를 틀고 있다.[22]

세 번째 전당의 이름은 '지혜'로, 그 전당 너머에는 파괴할 수 없는 전능의 샘인 '아크샤라'의 끝없는 대해가 펼쳐져 있다.[23]

그대가 첫 번째 전당을 안전하게 지나고 싶거든, 그대의 정신이 그곳에서 타오르는 욕정의 불길을 생명의 햇빛으로 혼동하지 않도록 해야 한다.

그대가 두 번째 전당을 안전하게 건너고 싶거든, 그곳에 피어 있는 감각을 마비시키는 꽃의 향기를 들이마시기 위해서 멈춰 서서는 안 된다. 그대가 '카르마의 사슬'로부터 자유로워지길 원한다면 그런 환영의 세계에서 그대의 스승을 찾지 말아야 한다.

지혜로운 자는 감각의 유원지에서 지체하지 않는다.

현명한 자는 환영의 달콤한 목소리에 귀 기울이지 않는다.

그대를 새롭게 태어나게 해 줄 스승을 지혜의 전당에서 찾아라.[24] 저 너머에 있는 그 전당에는 모든 환영들이 존재하지 않으며, 진리의 빛이 영원히 스러지지 않는 영광을 발하며 빛나고 있다.

제자여! 창조되지 않은 그것이 지혜의 전당에 거주하고 있듯이, 그대 안에도 거주하고 있다. 그대가 그것에 도달해 둘을 하나로 융합하고 싶거든, 그대가 입고 있는 환영의 어두운 옷을 벗어버려야 한다. 육체의 목소리를 죽여라. 진리의 빛과 그대가 하나가 될 수 있도록 감각의 이미지가 둘 사이에 끼어들지 않게 하여라. 그리고 그대 자신의 '아그냐나(Agnyana)'[25]를 깨달아 배움의 전당으로부터 도망쳐라. 이 전당은 거짓된 아름다움 속에 있어서 위험하며, 그대의 수련을 위해서만 필요할 뿐이다. 제자여! 눈부신 환영의 광채에 현혹되어 그대의 혼이 거기에 머물러서 허위의 빛 속에 갇히지 말아야 한다.

이 허위의 빛은 '마라'[26]에 박혀 있는 보석으로부터 빛난다. 그것은 감각을 현혹시키며, 정신을 눈멀게 만들고, 부주의한 자를 파멸에 이르게 한다.

등잔불의 눈부신 불꽃에 현혹되어 이끌린 나방은 끈적끈적한 기름에 빠져 사라지게 된다. 환영이라는 악마와 싸워보지도 못한 부주의한 혼은 마라의 노예로서 지상으로 되돌아올 것이다.

혼들의 무리를 보아라. 인생이라는 폭풍우가 몰아치는 바다 위를 배회하다가 지치고 피를 흘리며 날개가 부러진 채로 넘실거리는 파도 위에서 하나, 둘씩 떨어지는 것을 보아라. 광풍에 휩쓸리고 돌풍에 쫓긴 채로 그들은 회오리바람 속으로 떠내려 들어가서 거대한 소용돌이 속으로 사라져 간다.

그대가 지혜의 전당을 통해서 '지복의 계곡'에 도달하고 싶거든, 제자여! 그대를 다른 사람들과 떼어 놓는 무서운 대이설로부터 그대의 감각의 문들을 굳게 닫아 버려라.

마야의 바다 속에 섞여 있는 '천상에서 태어난(Heaven-born)' 자아가 '우주의 부모(혼, Universal Parent)'로부터 떨어지게 해서는 안 되며, 불(火)의 힘이 가장 깊은 방인 심장의 방이자[27] 이 세계의 어머니(World's Mother)[28]가 거주하는 곳으로 깊이 들어가도록 해야 한다.

그 힘이 그대의 '대스승(Master)'의 목소리, 즉 만물을 채우는 소리인 '유일혼(ONE-SOUL)'의 숨결이 될 때, 그때 정신으로부터 여섯 번째 영역인 미간(眉間)으로 그 힘이 솟아오를 것이다.

그때가 되어서야 비로소 그대는 파도 위로 부는 바람을 걷고 다니는 '하늘을 걷는 자(Walker of the Sky)'[29]가 될 수 있으며, 그대의 발은 물에 젖지 않는다.

그대가 신비스러운 소리들의 사다리 위에 발을 올려놓기 전에 그대는 '내면의 신'[30]의 소리를 일곱 가지로 들어야 한다.

첫 번째 소리는 나이팅게일이 짝과 이별할 때 부르는 감미로운 소리와 같다.

두 번째 소리는 반짝이는 별들을 일깨우는 '디야니스'의 은빛 심벌즈 소리로 들린다.

그 다음은 조개 속에 갇혀 있는 바다 요정의 슬픈 멜로디와 같다.

그리고 네 번째 소리는 '비나'[31]의 선율과 같다.

대나무 피리 소리와 같은 다섯 번째 소리가 그대의 귓속에서 울린다.

그리고 그것은 우렁찬 트럼펫 소리처럼 변한다.

마지막 소리는 우르릉거리는 천둥소리처럼 진동하여 퍼져나간다.

이 일곱 번째 소리는 다른 모든 소리들을 삼켜버리고 더 이상 들리지 않는다.

그 여섯 가지[32] 소리를 죽여서 대아(스승)의 발밑에 놓았을 때, 그때 제자는 '유일자'[33] 속으로 융합되어 그 '유일자'가 되고, 그 '유일자' 안에서 살게 된다.

그대가 그 길로 들어서기 전에 그대는 그대의 '아스트랄체'[34]를 없애버려야 하고, 그대의 '멘탈체'[35]를 깨끗이 해야 하며, 그리고 그대의 가슴을 정화시켜야 한다.

영원한 생명의 순수한 대해는 깨끗하고 맑아서 폭풍우 치는 흙탕물과 섞일 수 없다.

연꽃의 가슴 속에 있는 아침 햇살 속에서 빛나는 천상의 이슬방울이 지상으로 떨어졌을 때, 한 조각의 진흙이 된다. 보아라! 진주가 이제는 한 점의 진흙 조각이 되었다.

그대의 깨끗하지 않은 생각들이 그대를 압도해 버리기 전에, 그것들과 싸워라. 그것들이 그대를 이용하듯이, 그대도 그것들을 이용하여라. 왜냐하면 만약 그대가 그 생각들을 그냥 내버려둔다면, 그것들은 뿌리를 내리고 자라서 그대를 압도해버리고 그리고 그대를 죽일 것이다. 주의하여라. 제자여! 그 생각들의 그림자일지라도 가까이 오지 못하게 하여라. 왜냐하면 그것은 점점 더 크게 자라서 힘이 강해질 것이고, 그러면 그대가 시커멓고 더러운 괴물의 존재를 미처 깨닫기 전에, 이 암흑의 존재는 그대를 삼켜버릴 것이다.

'신비한 힘'[36]이 그대를 신으로 만들기 전에, 제자여! 그대는 먼저 그대의 의지로 그대의 아스트랄체를 죽일 수 있는 능력을 얻어야만 한다.

물질적 자아와 영적 대아는 결코 조화를 이룰 수 없다. 둘 중 하나는 반드시 사라져야 한다. 두 개의 자아가 있을 수 있는 곳은 아무데도 없다.

그대의 혼의 정신이 이해할 수 있기 전에 개성의 싹을 잘라 없애야 하고, 감각의 벌레를 다시는 살아날 수 없도록 없애야 한다.

그대 자신이 길 자체가 되기 전에는 그대는 그 길로 여행할 수 없다.[37]

연꽃이 아침 해를 마시기 위해서 자신의 가슴을 드러내듯이, 그대의 혼으로 하여금 고통의 모든 울부짖음에 귀 기울이도록 해야 한다.

고통 받는 자의 눈물을 그대 자신이 닦아내기 전에, 강렬한 태양으로 하여금 단 한 방울의 고통의 눈물이라도 마르게 해서는 안된다.

그 눈물을 일으키게 한 고통이 없어지기 전까지는 그 뜨거운 고통의 눈물 한 방울 한 방울을 그대의 가슴에 받아 그대로 간직하고 그 눈물을 닦아내서는 안 된다.

오, 자비로운 마음을 가진 그대여! 이 눈물이야말로 불멸의 자비의 들판을 기름지게 하는 시냇물이다. 보가이 나무의 꽃보다 찾아보기가 훨씬 드물고 어려운, 한밤중에 피어나는 '붓다의 꽃'[38]이 자라나는 곳은 바로 그런 땅이다. 그 꽃은 윤회로부터 벗어나는 자유의 씨앗이다. 그 꽃은 아라한을 고뇌와 욕망으로부터 단절시키고, 존재의 들판을 통해서 침묵과 비존재의 땅에서만 알려진 평화와 지복으로 이끈다.

욕망을 없애라. 그리고 그것이 다시 되살아나지 못하도록 완전히 없애라.

삶에 대한 애착을 없애라. 그러나 그대는 영원한 삶에 대한 갈망에서가 아니라, 무상한 것을 영원한 것으로 바꾸기 위해서 '탄하'[39]를 없애야 한다.

아무것도 바라지 마라. 카르마에 대해서도 대자연의 변치 않는 법칙들에 대해서도 고뇌하지 마라. 오직 개인적이고 덧없으며 일시적이고 소멸해 갈 것들과 맞서 싸워라.

자연을 돕고 자연과 함께 일하여라. 그러면 자연은 그대를 그녀의 창조자들 중의 하나로 여기며 그대에게 복종할 것이다.

그러면 자연은 그대 앞에 비밀의 문을 활짝 열고, 그대 눈앞에 그녀의 순결하고 깨끗한 가슴속 깊이 숨겨져 있는 보물들을 드러내 보일 것이다. 물질의 손에 의해서 더럽혀지지 않은 그녀는 결코 눈을 감지 않으며, 대자연의 모든 왕국에서 어떤 것도 가릴 수 없는 눈인 '대령(大靈)의 눈'에게만 그녀의 보물들을 보여줄 것이다.

그런 다음 그녀는 그대에게 첫 번째 문, 두 번째 문, 세 번째 문 그리고 일곱 번째 문까지 이르는 방법과 길을 보여줄 것이다. 그러면 그 목적지 - 그 목적지 너머에는 혼의 눈을 제외하고는 그 어떤 것에 의해서도 보인 적이 없는 이루 말할 수 없는 영광이 대령(大靈)의 태양 빛 속에 놓여 있다.

'도(道)'의 길로 들어서는 길은 오직 하나뿐이다. 그 길의 끝에 이르렀을 때만 비로소 침묵의 소리를 들을 수 있다. 지원자가 오르는 사다리는 고통과 괴로움의 계단들로 이루어진 사다리이다. 이 고뇌는 오직 미덕의 소리에 의해서만 잠잠해질 수 있다. 그러나 제자여! 만일 그대가 아직도 단 하나의 악이라도 버리지 않았다면 …… 애석하다! 왜냐하면 그때 그 사다리는 무너져서 그대를 내던져 버릴 것이다. 그 사다리는 그대의 죄악과 과오라는 깊은 수렁 속에 발을 내리고 있으며, 그대가 이 광활한 물질의 대심연을 건너기 위해 시도할 수 있기 전에 그대는 먼저 '단념의 대해'에서[40] 그대의 발을 씻어야 한다. 아직도 더러움이 남아 있는 발을 사다리의 가장 낮은 단에 올려놓지 않도록 주의해야 한다. 감히 진흙이 묻은 발로 사다리를 더럽히는 자에게는 재앙이 있을 것이다. 부정하고 끈적끈적한 진흙이 순식간에 말라 굳어지면 그대의 발은 그 자리에 달라붙어 교활한 새 사냥꾼의 덫에 걸려 있는 새처럼 그대는 더 깊은 영적 진보로부터 멀어지게 될 것이다. 그대의 악들이 형체를 이루어 그대를 끌어내릴 것이다. 그 죄들은 해가 진 후 울고 있는 자칼(jackal)처럼 죄악의 목소리를 높일 것이다. 그 생각들은 군대가 되어 그대를 그들의 노예로 사로잡을 것이다.

제자여! 성스러운 여행의 첫 발을 내딛기 전에 그대의 욕망들을 없애고 그대의 죄악들을 무력하게 만들어라.

그대가 사다리에 한 발을 들어 올려놓기 전에 그대의 죄악들을 목 졸라 영원히 잠재워라.

그대의 생각들을 침묵시키고, 그대가 아직 만나보지 못했지만 느끼고 있는 그대의 '대아(스승)'에게 모든 관심을 고정시켜라.

그대가 적에게 대항해서 안전하길 원한다면, 그대의 감각들을 하나의 감각으로 융합시켜야 한다. 그대의 뇌 속 깊은 곳에 감추어져 있는 바로 그 감각에 의해서만 그대의 대아에 이르는 가파른 길이 희미한 그대의 혼의 눈앞에 나타날 것이다.

제자여! 그대 앞에 있는 길은 멀고도 험하다. 그대가 버리고 온 과거에 대한 단 하나의 생각도 그대를 끌어내릴 것이며, 그러면 그대는 처음부터 다시 올라가야 할 것이다.

그대 속에 있는 과거의 경험들에 대한 모든 기억을 없애야 한다. 뒤를 돌아다보지 마라. 그렇지 않으면 그대는 길을 잃을 것이다.

욕망을 충족시키거나 물리게 하면, 그 욕망을 없앨 수 있다는 말을 믿지 마라. 왜냐하면 이것은 마라의 가증스러운 현혹이기 때문이다. 마치 꽃의 심장을 파먹고 자라는 벌레처럼 욕망은 악을 먹음으로써 점점 더 커지고 강해진다.

장미는 기생충이 그 심장을 먹어 치우고 생명의 액을 다 빨아먹기 전에 어버이 줄기에서 태어난 싹으로 다시 태어나야 한다.

금단의 나무는 폭풍우에 의해 그 줄기가 시들기 전에 보석 같은 싹들을 피운다.

제자는 첫 번째 소리가 그의 귓전에 들리기 전에 먼저 그는 그가 잃어버린 순진한 어린아이 상태를 되찾아야 한다.

'유일의 대아'에서 발하는 빛, 영원히 사라지지 않는 한줄기 대령의 황금빛은 원초부터 제자에게 눈부신 광선을 퍼부었다. 그 광선은 두텁고 어두운 물질의 구름을 뚫고 가느다랗게 내려온다.

깊고 빽빽한 정글의 숲을 뚫고 대지를 비추는 햇살처럼 이 빛줄기는 물질계의 이곳저곳을 밝게 비춘다. 그러나 제자여! 그대의 육체를 복종시키고 머리는 침착하게 혼은 이글거리는 다이아몬드처럼 강하고 순수하게 하지 않는다면 그대가 첫 번째 단계에서 아무리 열의를 다하더라도 그 광채는 그 방에[41] 도달하지 못할 것이고, 그 햇살은 마음을 따뜻하게 하지 못할 것이며, '지고한 경지의 신비스러운 소리'도 들리지 않게 될 것이다.[42]

그대가 듣지 못한다면, 그대는 볼 수 없으리라.

그대가 보지 못한다면 그대는 들을 수도 없으리라. 듣고 보는 것,
이것이 두 번째 단계이다.

꒰

제자가 눈을 감고 귀를 닫고 입과 코를 막은 채로 보고 듣고 맛보
고 냄새 맡을 수 있을 때, 네 가지 감각이 합쳐져 내면의 감각인 다
섯 번째 감각으로 바뀌었을 때, 그때 비로소 그대는 네 번째 단계로
접어든 것이다.

오, 잡념을 살육한 자여! 다섯 번째 단계에서는 이런 모든 감각들
이 되살아나지 못하도록 다시 한번 죽여야 한다.[43]

외면의 모든 사물과 보이는 것들로부터 그대의 정신을 거두어 들
여라. 내면의 이미지들이 그대의 '혼의 빛'에 검은 그림자를 드리우
지 않도록 그 내면의 이미지들을 거두어 들여라.

그대는 이제 여섯 번째 단계인 '다라나'[44]에 들어섰다.

그대가 이제 일곱 번째 단계로 들어섰을 때, 오, 행복한 자여! 그

대는 더 이상 '성(聖) 삼각형'[45]을 지각하지 않을 것이다. 왜냐하면 그대 자신이 그 성삼각형이 되었기 때문이다. 그대 자신과 그대의 정신은 하나의 선 위에 있는 쌍둥이처럼 되었고, 그대의 목표인 별은 머리 위에서 불탄다.[46] 이루 형언할 수 없는 영광과 지복 속에 있는 삼각형은 이제 마야의 세계에서 그 이름을 잊어버렸다. 그들은 하나의 별이 되었고, 불타오르지만 타서 없어지지 않는 불이 되었으며, 영원한 '불줄기'의 '우파디'[47]인 그 불이 되었다.

성공을 거둔 요가 수행자여! 이것이 바로 '사마디'[48]의 올바른 전조인 '디야나'[49]라는 것이다.

이제 '그대 자아'는 시초의 한줄기 빛에서 뻗어 나온 '그 대아' 속으로 융합되어 그대 자신은 '대아 자신'이 되었으며, 그 대아 속으로 사라졌다.

제자여! 그대의 개체성은 어디 있는가? 그대 자신은 어디 있는가? 그것은 불 속으로 사라진 불꽃, 대양 속으로 사라진 물 한 방울, '언제나 존재해 온 광선'이 '일체'이며 영원한 광채가 되었다.

제자여! 그대는 행위자이며 바라보는 자이고, 빛을 발하는 자이며 빛을 발하는 작용이고, 소리 속에 있는 빛이고, 빛 속에 있는 소리이다.

축복 받은 자여! 그대는 다섯 가지 장애물을 잘 알고 있다. 그대는 그것들을 정복한 자이며, 네 가지 진리[50]의 전달자인 여섯 번째 주(主)이니라. 그 진리들을 비추는 빛은 그대 자신에게서 발산되어 나오며 제자였던 그대는 이제 스승이 되었다.

그리고 이 네 가지 진리는 이것이다.

그대는 모든 고통의 지식을 지나 왔다. 이것이 첫 번째 진리이다.

그대는 유혹의 무리들 앞에서 마라들의 왕을 정복했다. 이것이 두 번째 진리이다.[51]

그대는 세 번째 문에서 죄를 파괴해서 세 번째 진리를 터득하지 않았는가?

지혜로 이끄는 길로 들어서지 않았는가? 이것이 네 번째 진리이다.[52]

자, 이제 모든 지식의 완성인 보리수나무 아래에서 안식하여라. 왜냐하면 그대는 완벽한 통찰의 경지인 '사마디를 완성한 자'라는 것을 알기 때문이다.

보아라! 그대는 빛이 되었다. 그대는 소리가 되었다. 그대는 그대의 스승이자 그대의 신이다. 그대는 그대가 찾는 대상인 그대 자신이다. 결코 변하지 않고 죄가 없으며 일곱 가지 소리가 하나로 합쳐진 영원토록 울려 퍼지는 끊어지지 않는 소리인 '침묵의 소리(VOICE OF THE SILENCE)'이다.

옴 타트 사트(OM TAT SAT).[53]

5. 팔리어인 '이디(iddhi)'는 산스크리트어의 '시디스(siddhis)'와 동의어로 인간이 가지고 있는 심령 능력을 말한다. 두 종류의 시디스가 있다. 하나는 낮은 차원의 조잡한 심령 능력이다. 또 다른 하나는 고도의 수련을 요하는 영적인 힘이다. 『슈리마드 바가바타』에서 크리슈나는 말한다.

"요가 수행에 전념하고 있는 자, 자신의 감각을 굴복시켰으며, 자신의 정신을 나(크리슈나)에게 집중한 자, 그런 요기들에게 모든 '시디스'들이 봉사할 준비가 되어 있다."

6. '나다(Nada)'는 '영적인 소리'라는 뜻의 산스크리트어로, '소리 없는 소리' 혹은 '침묵의 소리'라고 할 수 있다.

7. '다라나(Dharana)'는 정신이 어떤 내적인 대상에 완전히 집중되어 있는 상태로, 감각의 세계 혹은 외적인 우주와 관계되는 모든 것으로부터 완전히 분리되어 있다.

8. 제자들이 자신의 상위 자아(Higher Self)를 지칭하는 데 사용하는 용어이다. 그것은 아발로키테쉬바라(Avalokitesvara)로, 비전(秘傳) 불교의 아디-붓다(Adi-Buddha)에 해당된다. 브라만교의 '아트마(ATMA)'에 해당되고, 고대 그노시스(영지주의) 학파의 '크리스토스(CHRISTOS)'에 해당된다.

9. 여기서 혼은 인간의 자아(Ego) 혹은 마나스(Manas)로 오컬트에서는 인간을 '7중 구조'라고 하는데, 영적인 혼 및 동물적인 혼과 대비되는 인간의 혼을 말한다.

10. 거대한 환영(Maha Maya)으로 객관적인 우주를 지칭한다.

11. 개성의 망상

12. '아타바다(Attavada)', 즉 개체적 혼 혹은 자아와 '유일의 보편적인 무한 자아'와는 분리되어 있다는 믿음.

13. 자연과 인간의 원리를 아는 자로 '타트바그냐니(Tattvajnani)'라고 부른다. 아트만 혹은 '보편적 유일 자아'를 아는 자를 '아트마그냐니(Atmajnani)'라고 한다.

14. 동양에서 말하는 '영원'은 서양에서 말하는 '영원'과는 다른 의미를 갖는다. 동양

에서 영원은 브라흐마의 수명인 100년으로, 칼파(Kalpa)라는 기간인데, 4,320,000,000 년을 뜻한다.

15. 옴(AUM)은 칼라 함사(Kala Hamsa), 즉 대붕(Bird) 혹은 스완(Swan)이다. 『나다 빈두(Nada-Bindu) 우파니샤드』에 의하면, A는 대붕의 오른쪽 날개를, U는 왼쪽 날개, M은 꼬리를 뜻하며, '아르다-마트라(Ardha-Matra)'에 머리가 있다고 한다. 즉, 0.5 미터 정도에 머리가 있다고 한다.

16. 『나다 빈두(Nada-Bindu)』에서 말하길, "함사에 올라타고, 그래서 옴 위에서 명상하는 요기는 카르마에 영향을 받지 않는다."

17. 영(Spirit) 속에서 살고 싶거든, 육체적인 개성의 삶을 포기해야 한다.

18. 의식의 세 가지 상태를, 깨어 있는 상태인 '자그라트(Jagrat)', 꿈꾸는 상태인 '스바쁘나(Svapna)', 그리고 깊은 수면 상태인 '수슙티(Sushupti)'이다.

19. 투리야(Turiya)는 꿈이 없는 상태를 넘어 서 있는 의식 상태로, 지고의 영적인 상태이다.

20. 동양의 어떤 신비가들이 말하는 존재의 일곱 가지 계(界)로, 시간과 공간을 벗어난 대붕, 즉 칼라 함사의 몸속에 있는 일곱 가지 영적인 로카(loka) 혹은 세계를 말하며, 그 대붕이 브라흐마(Brahma, 중성)가 아닌 브라흐마(남성)로 될 때, 그 대붕은 시간 속으로 들어오는 것이다.

21. 감각과 현실적 의식만이 있는 현상계.

22. 초감각적 지각들과 현혹적인 광경들이 있는 심령계, 아스트랄계로 영매들의 세계를 말한다. 엘리파스 레비가 말하는 거대한 '아스트랄 뱀(astral serpent)'을 말한다. 그곳에서 꺾은 꽃을 지상으로 가져올 때는 항상 뱀이 줄기에 감겨 있다. 이곳은 '거대한 환영'의 세계이다.

23. 아크샤라(AKSHARA)는 완전한 영적 의식의 영역으로, 거기에 도달한 자에게는 더 이상의 위험이 따르지 않는다.

24. 제자를 깨달음(자각)을 통해서 영적인 혹은 제2의 탄생으로 이끄는 사람을 '아버지', '구루' 혹은 '스승'이라고 부른다.

25. '아그냐나(Ajnana)'는 무지 혹은 지혜가 없는 것으로, '그냐나(Jnana)'는 무지의 반대말로 지식을 뜻한다.

26. 현교(顯教)에서는 아수라(asura) 즉 악마를 '마라(Mara)'라고 하지만, 비교(秘教) 철학에서는 인간의 악을 통해서 유혹이 인격화된 것을 말하며, 글자 그대로 해석하면 '혼을 죽이는 것'이라는 뜻이다. 마라들의 왕이 쓰고 있는 왕관에는 그것을 보는 사람들의 눈을 멀게 하는 강렬한 광채를 가진 보석이 빛나고 있는데, 그 광채는 악의 힘에 의해서 어떤 본성에 영향을 끼치는 현혹을 말한다.

27. '심장의 내면의 방'은 산스크리트어로 '브라흐마푸라(Brahmapura)'라고 불린다. '불의 힘'은 쿤달리니(Kundalini)이다.

28. '힘'과 '세계의 어머니(World-Mother)'는 쿤달리니에 붙여진 이름이다. 쿤달리니는 요기들이 지니고 있는 신비력들 중 하나다. 그것은 수동적인 원리가 아닌 능동적인 원리로 여겨지는 '붓디(buddhi)'이다(일반적으로 '지고의 영'인 '아트마'의 매개체로 간주될 때는 수동적인 원리). 이것이 각성되어 활동하게 되면, 쉽게 죽일 수도 있고 창조할 수도 있는 전기적-영적인 창조력이 된다.

29. 케챠라(Khechara) 혹은 '하늘을 걷는 자(Sky-Walker)'. 신비 문헌의 최고인 『그냐네쉬바리』에서 설명되어 있듯이, 요기의 몸은 '바람으로 이루어진 몸(formed of the wind)'과 같이 된다고 한다. 즉, "구름에서 팔다리가 뻗어 나온 것같이 되어, 그는 바다와 별들 너머에 있는 것들을 보고, 데바(Deva)들의 언어를 듣고 이해하며, 개미의 정신 속에서 지나가는 것들을 감지한다."

30. 상위 자아(The Higher Self).

31. 비나는 류트, 즉 '기타와 비슷한 현악기'와 같은 인도의 현악기이다.

32. 여섯 가지 원리들을 말한다. 즉, 하위의 개성이 없어지고 내면의 개체아(individu-ality)가 일곱 번째 원리인 '영(Spirit)'과 합쳐진다는 의미이다.

33. 제자는 브라만 혹은 아트만과 하나가 된다.

34. 아스트랄체는 욕망체, 즉 카마-루파(Kama-rupa)에 의해서 만들어진 아스트랄 형체를 말한다.

35. 마나사-루파(Manasa-rupa). '윤회하는 자아(Reincarnating Ego)'로 하위 마나스에

있는 의식을 무력하게 해야 한다.

36. 쿤달리니는 수행자 몸속에서 나선형처럼 작용하기 때문에, 환상력(環狀力) 혹은 사형력(serpentine power)이라고 부른다. 이것은 모든 유기적, 비유기적인 물질의 근저에 있는 원초적인 힘으로 '전기적인 불의 오컬트 힘'이라고 불리거나, '전기적 포하트(Fohatic) 힘'이라고 불린다.

37. 이 길에 대해서는 많은 신비주의 문헌에서 언급되고 있다. 『그냐네쉬바리』에서 크리슈나가 말하듯이, "이 길을 주시해 바라볼 때, 움직이지도 않은 채 동쪽의 꽃을 향하든, 서쪽의 방들을 향하든, 이 길에 들어서서는 '여행 자체(the travelling)'가 된다. 이 길에서 여행자가 어느 곳으로 가든, 그가 가는 곳이 그의 자아가 된다." "그대가 곧 길이니라"라고 크리슈나가 구루에게 전했으며, 그 구루로부터 비전을 받은 제자에게 전해졌다고 한다. "내가 곧 길이다"라고 또 다른 대스승도 말씀하셨다.

38. 붓다의 꽃은 보살(Bodhisattva)의 꽃인 '초인 상태(Adeptship)'를 의미한다.

39. '탄하(Tanha)'는 살고자 하는 의지, 즉 죽음을 두려워하는 삶에 대한 애착으로, 환생하게 하는 힘 혹은 에너지.

40. 원문에서는 'renunciation'으로 쓰였지만, 우리말로 정확하게 표현할 말이 없다. 여기서는 '단념' 혹은 '포기'의 의미이지만, '소극적인' 포기나 부인이 아닌 '적극적인', '능동적인' 혹은 '기꺼이', '즐거이' 포기한다는 의미로 여겨진다.

41. 27번 각주 참조.

42. 이 신비스러운 소리 혹은 멜로디는 '아나하타샤브다(Anahatashabda)'—네 번째 챠크라가 '아나하타'이다—라고 불리는 명상 초기에 들리는 소리이다.

43. 오컬트 체계에서 여섯 번째 단계인 '다라나(Dharana)'에서 개별적인 기능으로서의 모든 감각들은 마비되어서 가장 영적인 일곱 번째 감각과 합쳐져야 한다는 것을 뜻한다.

44. 85번 각주 참조.

45. 라자 요가에서는 각각의 발전 단계는 기하학적인 도형으로 상징화되어 있다. 성삼각형은 다라나 직전의 단계이다. 삼각형(△)은 높은 단계에 오른 제자들을 나타내며, 또 다른 종류의 삼각형은 높은 단계에 있는 '입문한 자'들을 나타낸다. 그것은 프

라냐의 세 가지 방법을 완전히 터득했을 때, '타타가타(Tathagata)'의 현신을 상징하는 것으로, 붓다에 의해서 설파되고 사용된 '나(I)'의 상징이다. 일단 준비 단계와 낮은 단계를 지나가면, 제자는 더 이상 '△'을 보지 않게 되며, 완전한 칠중 구조를 나타내는 '…'의 단축형인 '――'도 보지 않게 된다. 어떤 사람들에 의해서 악용될 것이 확실하기 때문에 진짜 모양은 여기서 밝히지 않는다.

46. 머리 위에서 타오르고 있는 별은 '입문의 별'이다. 모든 요가 수행자들의 수호신인 시바(Siva)의 숭배자들은 오늘날 태양의 상징이 된 둥그런 검정색 점을 그들의 카스트 표식으로 삼고 있는데, 고대의 오컬티즘에서는 입문의 별로 상징되었다.

47. 수행자가 아직 이 세계에 있는 한, 영원히 도달할 수 없는 불줄기(Flame)의 '우파디'이다.

48. 사마디는 수행자가 자신뿐만 아니라 모든 개체적 존재에 대한 의식을 잃어버리는 상태이다. 그래서 그는 '일체(the ALL)'가 된다.

49. 디야나는 수행자가 완전한 '마하트마(MAHATMA)'가 되지 않는 한, 이승에서 도달할 수 있는 마지막 전 단계이다. 이미 언급했듯이, 이 상태에 있는 라자 요기는 대아(Self)와 고차원에 있는 자신의 고급 원리들의 작용에 대해서 아직은 영적으로 의식하지 못한다. 한 단계만 더 나아가면, 그는 일곱 번째 단계(학파에 따라서는 네 번째 단계)의 너머 단계로 들어서게 된다. 정신과 사고들을 다스리기 위한 예비 훈련인 '프라티야하라'의 수행을 하고 나면, 다라나, 디야나, 사마디와 이 세 단계를 포괄하는 '삼야마(SAMYAMA)'가 있다.

50. 북방불교에서 말하는, 고통인 고(苦: Ku), 유혹을 일컫는 집(集: Tu), 그것들의 파괴를 의미하는 멸(滅 Mu)과 길(Path)을 나타내는 도(道: Tau). 다섯 가지 장애물은 고통에 대한 인식, 인간의 연약함에 대한 진실, 강압적인 억제, 모든 욕망 및 감정의 존재로부터 벗어나야 하는 절대적 필요성, 그리고 구원의 길이다.

51. 유혹의 무리들 앞에 있는 마라들의 왕인 마하-마라(Maha-Mara)는 그의 보석의 광채로 수행자의 눈을 멀게 하려고 한다.

52. 이것은 모든 인간을 끝없는 기쁨과 슬픔의 상태로 빠뜨리는 환생의 다섯 가지 길 중 네 번째 길이다. 이러한 길들은 카르마에 의해서 이끌리는 길의 갈래 길들이다

53. 직역하면 "나는 무한자와 하나"이다. 혹은 "옴, 저 무한한 실재여!"

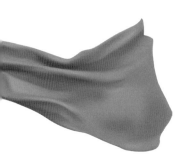

2. 두 갈래 길

　오! 자비의 스승이여! 다른 사람들에게 길을 가르쳐 주어라. 승인 받기 위하여 문을 두드리는 사람들은 달콤한 대법(Sweet Law)의 문이 활짝 열리는 것을 보기 위해서 무지와 어둠 속에서 기다리고 있다.

　지원자들의 목소리가 말하길,

　자비의 스승인 그대여! '가슴의 가르침'을 나타내 보이지 않으렵니까?[54] 그대의 종을 해탈의 길로 이끌어 주시지 않으렵니까?

　스승께서 말씀하시길,
　길은 둘이요, 위대한 대 완성은 세 가지이며, 몸을 지식의 나무로

바꾸게 하는 미덕은 여섯 가지가 있다.[55]

누가 그 길에 다가설 것인가?

누가 그 길로 먼저 들어설 것인가?

하나이면서 두 가지 길의 가르침, '비밀의 가슴(Secret Heart)'[56]을 드러내는 진리를 누가 먼저 들을 것인가? 지혜를 가르치는 대법은 배움을 거부할 때 고뇌의 이야기를 보여 준다.

아, 가련하도다! 모든 인간은 알라야(Alaya)를 지니고 있어서, 그 위대한 혼과 하나가 되어야 하는데, 알라야를 지니고 있어도, 그들에게는 그것이 아무런 소용이 없구나!

보아라! 잔잔한 물결 위에 반사된 달처럼, 알라야는 작은 것들과 큰 것들, 아주 미세한 원자들 속에서도 반사되지만 모든 사람들의 가슴에는 이르지 못하는구나! 아 슬프도다! 비존재에 대한 지식, 존재하는 사물들에 대한 올바른 인식, 값으로는 헤아릴 수 없는 진리를 배우는 은혜, 극소수의 사람들만이 이 선물을 누리는구나!

제자는 이렇게 묻는다!

오, 스승이시여! 지혜에 이르기 위해서는 무엇을 해야 합니까?

오, 현명한 이여! 완성을 얻기 위해서는 무엇을 해야 합니까?

도의 길들을 찾아라. 그러나 제자여! 그대가 여행을 떠나기 전에, 그대는 먼저 그대의 가슴을 깨끗이 해야 하느니라. 그대가 첫발을 내딛기 전에, 그대는 먼저 허위와 진실, 덧없는 것과 영원한 것을 구별하는 것을 배워야 하느니라. 무엇보다도 머리로 터득한 지혜와 혼의 지혜, 즉 눈의 가르침과 가슴의 가르침을 구별하는 것을 배워라.

무지는 꽉 막혀 있는 공기가 없는 통과 같은 것이리니! 혼은 그 무지의 통 안에 갇혀 있는 새와 같다. 새는 지저귀지도 못하고 깃털 하나도 움직이지 못한다. 혼은 아무 소리도 내지 못하는 가수처럼, 무력하게 앉아 있으며 끝내는 지쳐서 죽어 가느니라.

그러나 그렇게 무지할지라도, 길을 밝혀주고 안내할 혼의 지혜가 없는 머리로 터득한 지식보다는 더 낫다.

지혜의 씨앗은 공기가 없는 공간 속에서는 싹이 나와 성장할 수 없다. 삶의 경험에서 수확을 얻기 위해서 정신은 폭넓은 깊이가 있어야 하고 금강혼으로[57] 향하는 지점들이 필요하다. 마야의 영역에서 그런 지점들을 구하지 마라. 환영을 넘어서 높이 솟아오르고, 망상이라는 허위의 암시를 믿지 말고, 영원히 변치 않는 실재(사트)를 찾아라.[58]

　정신(mind)은 거울과 같다. 비추는 동안에는 망상의 먼지를 끌어모은다.[59] 환영의 먼지를 쓸어버리기 위해서는 혼의 지혜라는 온화한 미풍이 필요하다. 오, 초심자여! 그대의 정신과 혼을 융합시키도록 하여야 한다.

　무지를 털어 내고 환영을 버려라. 이 세상의 속임수들로부터 그대의 얼굴을 돌려라. 그대의 감각들을 믿지 마라. 그것들은 허위이기 때문이다. 그러나 감각의 성소인 그대의 육체 안에서 초월적인 '영원한 인간'을 찾아라.[60] 그를 발견했을 때, 내면을 보아라. 그대는 붓다이다.[61]

　오, 헌신자여! 칭찬을 피하여라. 칭찬은 자기 망상으로 이끄나니. 그대의 육체는 자아가 아니니라. 그대의 진짜 자아는 육체 없이 그 자체로 존재하며, 칭찬이나 비난의 영향이 미치지 못한다.

오, 제자여! 자기만족은 거만한 바보가 올라간 높은 탑과 같다. 그는 자만으로 가득 찬 고독 속에 앉아서 자신을 제외하고는 그 누구도 그를 인식하지 못하나니.

현명한 자는 허위의 배움을 거부한다. 허위의 배움은 선법(善法)에 의해 바람 속에서 흩어진다. 선한 법륜(法輪)은 교만한 자들, 겸손한 자들 모두에게 똑같이 도나니. 눈의 가르침은[62] 대중을 위한 것이고, 가슴의 가르침은 선택된 자들을 위한 것이다. 눈의 가르침을 아는 자는 자만 속에서 말하느니, "보아라, 나는 알고 있도다." 가슴의 가르침을 아는 자는 겸손하고 조용하게 말하느니, "나는 이와 같이 들었도다."[63]

오, 제자여! '거대한 채(Great Sifter)'는 가슴의 가르침을 지칭하는 이름이다.

선한 법륜은 쉴 새 없이 빠르게 돌아간다. 밤낮으로 무가치한 껍질을 황금의 낟알로부터 날려버리고, 소맥 가루로부터 찌꺼기를 날려버린다. 카르마의 손이 법륜을 안내하고, 그 회전은 카르마의 마음의 고동을 나타낸다.

진정한 지식은 밀가루이고 허위의 지식은 껍질이나니. 그대가 지혜의 빵을 먹고 싶으면, 아무리타(Amrita)[64]의 깨끗한 물로 반죽하지 않으면 안 된다. 그러나 그대가 껍질을 가지고 마야의 이슬로 반죽한다면, 그대는 죽음의 검은 비둘기들, 즉 탄생, 노쇠, 비애의 새들을 위한 먹이만 만들 수 있다.

그대가 아라한 같이 되기 위해서 만물을 사랑하기를 그만두어야 한다고 들었다면, 그들에게 말하라.
"거짓이라고."

그대가 자유를 얻기 위해서 그대의 어머니를 혐오하고, 그대의 자식을 경시해야 하며, 그대의 아버지를 부인하고, 그를 '집주인'이라고 불러야 한다고 들었다면, 그리고 인간이나 동물에 대한 모든 연민을 포기해야 한다고 들었다면, 그들에게 말하라.
"그들의 혀가 거짓을 말하고 있다고."

이와 같이 브라만의 고행자들은 가르친다.

만약 그대의 죄는 행위에서 생겨나고 지복(至福)은 절대적 무행위에서 비롯된다고 배웠다면, 그것은 잘못된 가르침이라고 말하라. 죄나 과오를 단절시킴으로써 인간의 행위를 멈추고, 정신을 해방시키는 것은 '윤회하는 자아'를 위해서는 도움이 되지 않나니. '가슴의 가르침'은 이렇게 가르친다.

눈의 다르마(Dharma of the Eye)는 외적이고 비존재하는 것들의 구현이로다.

가슴의 다르마(Dharma of the Heart)는 '보디(Bodhi)'[65], 영원불멸의 신지(divine Wisdom)의 구현이로다.

기름과 심지가 깨끗할 때 등불은 밝게 타나니. 그것들을 깨끗하게 하기 위해서는 청소 도구가 필요하다. 불꽃은 청소하는 과정을 느끼지 못한다. 나뭇가지들은 바람에 흔들리지만, 본체가 되는 줄기는 흔들리지 않는다.

행위나 무행위를 그대 속에서 찾을 수 있다. 그대의 몸은 동요하지만, 그대의 정신은 고요하고, 그대의 혼은 산속의 호수처럼 투명하도다.

오, 제자여! 그대는 '시간의 주기(Time's Circle)'에 얽매인 수행자가 되길 원하는가?

사람들과 떨어져서 교만에 가득 찬 채 고독하게 어두운 숲 속에 앉아 있기만 하면, 궁극의 자유라는 목표에 다다를 것이라고 믿지 마라. 나무뿌리나 풀뿌리를 먹고 히말라야의 눈으로 갈증을 없앤다면, 궁극의 자유에 이르게 될 것이라고 믿지 마라.

뼈를 부수고 살과 근육을 잘라내는 것이 그대와 '침묵의 대아'[66]를 합일시킬 것이라고 생각하지 마라. 오! 그림자의 희생자여![67] 그대가 육체의 죄를 정복하면 그대의 의무가 자연스럽게 그리고 인위적으로 완수될 수 있다고 생각하지 말지어다.

지복을 얻은 자들은 그와 같이 하는 것을 경멸하도다. 대법의 사자, 자비의 주(Lord of Mercy)가[68] 인간 비애의 참된 원인을 인식한 후에 고요한 산속에서의 달콤하고 이기적인 안식을 즉시 버렸도다. 그는 은둔자[69]에서 인류의 스승이 되었다. '줄라이(Julai)'가 열반에 들어간 후에[70] 그는 산과 들과 도시에서 설법을 펼쳤으며, 데바들과 인간 그리고 신들에게 설법을 펼쳤다.[71]

친절한 행위의 씨앗을 뿌려라. 그러면 그대는 풍요로운 수확을 하게 될 것이다. 자비의 행위 속에서 하는 무행위는 무서운 죄를 행하는 것이라고 성인께서 말씀하신다.

그대는 무서운 죄의 행위를 억제할 것인가? 그러면 그대의 혼은 자유를 얻게 될지니. 열반에 이르기 위해서는 자각(Self-Knowledge)에 도달해야 하느니라. 그리고 자각은 사랑스러운 행위의 자식이다.

지원자여! 실패를 두려워하지 않는 자가 성공을 얻지 못하듯이, 인내심을 가져라. 그대 혼의 시야를 별에 고정시켜라. 그 별의 광선이 바로 그대이고, 빛나는 그 별은 언제나 존재해 오고 있는, 빛 없는 심연 속에서, 미지의 한없는 들판에서 빛나는 별이다.

영원히 참고 견디는 자처럼 인내하라. 그대의 그림자들은 살고 사라진다.[72] 그러나 그대 속에 있는 '그것'은 영원히 살 것이며, 그것은 그 사실을 알고 있다. 왜냐하면 그것은 지식 그 자체이고[73] 덧없는 생명이 아니다. 그것은 영겁에서부터 언제나 존재해 왔으며, 앞으로도 영원히 존재할 인간으로 결코 시간의 구속을 받지 않을 것이다.

제자여! 만약 그대가 달콤한 평화와 안식을 얻고자 한다면, 미래를 수확하는 들판에 좋은 씨앗을 뿌려라. 탄생의 비애를 받아들여라.

다른 사람들에게 더 많은 빛을 주기 위해 그대는 그늘로 들어가라. 고뇌와 비애로 바짝 마른 땅을 기름지게 하는 눈물은 인과응보의 꽃이 되어 열매를 맺으리라. 검은 연기가 솟아나는 인생의 용광로에서 날개 달린 불꽃이 일어나며, 높이 솟아오르는 정화된 그 불꽃은 카르마의 눈을 넘어서, 도의 삼체(三體)라는 영광스러운 직물을 짠다.

영광스러운 삼체는 니르마나카야(Nirmanakaya), 삼보가카야(Sambhogakaya), 다르마나카야(Dharmakaya)로 장엄하기 그지없는 형상이다.

'샹나 의상'을 얻으면[74] 영원의 빛을 얻을 수 있다. '샹나 의상'이 개성을 말살하는 열반을 줄 수 있으며 윤회를 멈추게 한다. 오, 제자여! 그러나 그것은 또한 자비를 죽이나니. 다르마나카야의 영광을 입은 완전한 붓다는 더 이상 인류를 구원해 줄 수 없도다. 아! 수많은 소아들은 대아를 위해 희생되어야 하느니라. 인류가 '단위(Units)'들의 안녕을 위해 희생되어야 하느니라.

오, 초심자여! 이 길은 현교의 길(Open Path)로 이기적인 지복에 이르는 길이다. 자비의 부처들, 비밀의 가슴(Secret Heart)의 보살들은 이 길을 피한다!

인류에게 도움을 주기 위해 사는 것이 첫 번째 단계이니라. 영광스러운 여섯 미덕을 실천하는 것이 두 번째 단계이니라.[75]

니르마나카야의 겸손한 옷을 입게 되면, 대아의 영원한 지복을 포기하고 인류의 구원을 돕는 것이니라. 열반의 지복에 이르러서 그것을 버리는 것, 이것이 지고의 마지막 단계로, 자아를 버리는 도의 길에서 최고의 단계이다.

오, 제자여! 이것이 비밀의 길(Secret Path)이니라. 완성을 이룬 부처들이 선택한 길로 나약한 소아들을 위해 대아를 희생한 비밀의 길이다.

그러나 만약 그대에게 '가슴의 가르침'이 너무 크다면, 만약 그대 자신이 도움을 필요로 하고, 다른 사람들에게 도움 주기를 꺼린다면, 그러면 나약한 가슴의 소유자여! 경계하라! 그대는 눈의 가르침에 만족해야 하느니라! 그러나 희망을 가져라! '오늘' 비밀의 길에 들어서지 못하면 '내일'[76]은 그 길로 들어설 수 있으리. 그 어떤 노력도, 심지어 아무리 작은 사소한 노력도 올바르건 그릇되건 원인의 세계에서 사라지지 않는다는 것을 배워라. 심지어 하늘로 올라가는 연기도 사라져 없어지는 것이 아니니라. "과거 생에 내뱉은 격한 말한 마디는 사라지지 않고, 그대에게 다시 되돌아온다." 고추가 장미꽃을 피울 수 없으며, 또한 달콤한 재스민의 은빛별이 가시나 엉겅퀴로 변하지 않을 것이니라.

그대는 '내일'을 위한 기회를 바로 '오늘' 만들 수 있다. '대 여행(Great Journey)'[77]에서 매 시간 뿌린 원인들은 결과라는 결실을 맺게 된다. 왜냐하면 이 세계는 엄격한 정의에 의해서 지배되고 있기 때문이다. 그 정의는 한 치의 오차 없이 거대한 행위의 파도로 유한한 존재들에게 전생의 모든 생각과 행적의 카르마적 결과인 행복과 불행을 몰고 온다.

오, 인내심 많은 자여! 그대 자신을 위해 되도록 많은 공적을 쌓을 지어다. 기운을 내라. 그리고 운명에 만족하여라. 그것이 그대의 카르마이며, 그대가 수많은 탄생의 주기 동안 쌓은 카르마이니라. 그것이 바로 전생의 행위에 얽매인 채, 한 생에서 다음 생으로 웃고 울고 고통과 슬픔 속에서 그대와 같이 태어난 사람들의 운명이도다.

'오늘' 그들을 위해 행하라. 그러면 '내일' 그들이 그대를 위해 행할 것이니라.

최후의 자유라는 달콤한 열매가 생겨나는 것은 바로 자아를 버림으로써 생겨나는 싹이니라.

마라(Mara)에 대한 두려움으로 돕기를 주저하는 자는 자아를 위해 행동하지 않는다면 사라질 운명일 것이리니. 자신의 지친 발을 흐르는 시냇물에 담그고 피로를 풀려고 하지만, 물살에 대한 두려움으로 감히 시냇물에 발을 담그지 못하는 순례자는 뜨거운 열기의 고통을 피할 수 없느니라. 이기적인 두려움 때문에 행하지 못하는 것은 나쁜 열매밖에 열리지 않을 지리니.

이기적인 헌신자는 헛된 삶을 사는 것이니라. 자신의 삶의 의무를 다하지 못하는 자는 헛된 삶을 사는 것이니라.

생명의 수레바퀴를 따르라. 민족과 친척, 친구와 적에 대한 의무의 수레바퀴를 따르라. 그리고 고통에 대해서처럼 쾌락에 대해서도 그대의 정신의 빗장을 걸어 매어라. 카르마의 응보를 소진하고 미래 생을 위해 시디스를 얻어야 하느니라.

그대가 태양이 될 수 없거든, 겸손한 행성이 되어라. 그대가 만년설의 순수한 산 위에서 한낮의 태양처럼 타오를 수 없거든, 오, 초심자여! 보다 겸손하고 소박한 길을 택하여라.

어둠 속에서 길을 걷는 사람들을 위해 길을 밝혀 주는 저녁별처럼, 길을 잃고 헤매고 있는 사람들을 위해 희미하게나마 '길'을 가리켜 주어라.

진홍색 베일 속에 있는 '미그마'[78]를 보아라. 미그마의 눈이 잠들어 뒤척이는 지구를 어루만져 준다. 수행자들의 머리 위로 보호하는 사랑의 손길을 뻗친 '라그파'[79]의 불같은 오라를 보아라. 이 둘은 '니마'[80]의 종들로, '니마'가 자리를 비운 밤하늘을 묵묵히 지키고 있다. 그러나 영겁의 과거에는 이들 역시 눈부신 태양들이었으며, '미래'에 언젠가 또 다시 두 태양이 될 것이다. 바로 이것이 대 자연 속에 있는 인과응보의 법칙에 따른 흥망성쇠이니라.

오, 제자여! 그들처럼 되어라. 고뇌하는 순례자에게 빛과 안식을 주어라. 그리고 아직 그대보다 조금 알고 있는 자를 찾아라. 슬픈 고독 속에서 스승과 희망과 위안도 없이, 그림자를 먹여 살리는 빵과 지혜의 빵에 굶주리고 앉아 있는 자를 찾아라. 그리고 그로 하여금 '대법'을 듣게 해주어라.

오, 입문의 후보자여! 자만과 자존감에서 헌신의 노예가 된 자, 존재에 집착하지만 인내심과 복종을 대법 앞에 놓은 자는 부처의 발밑에서 피어나는 아름다운 꽃처럼, 현생에서 '스로타파티'가 된다고 말해 주어라.[81] 완전한 '시디스'는 아주 멀리 흐릿하게 보이지만, 일단 첫발을 내딛고 비전(秘傳)의 시냇물 흐름에 들어서면, 그는 산 독수리 같은 시력과 겁 많은 암사슴의 청력을 얻을 수 있게 되리라.

열망자여! 참된 헌신은 전생에서 그의 지식이었던 바로 그 지식을 그대에게 다시 가져다 준다고 말해 주어라. 신(deva)의 시력과 신의 청력은 단 한 번의 짧은 생에서는 얻어질 수 없나니.

큰 지혜에 이르고자 하거든 겸손해야 하느니라.

그대가 그 지혜를 얻었을 때는 더욱더 겸손해야 하느니라.

모든 시냇물과 강물을 받아들이는 대양 같은 존재가 되어라. 대양의 장엄한 평온은 흔들림이 없으며, 대양은 그것들을 느끼지 않는다.

그대의 신성으로 하위 자아를 통제하여라.

'영원'으로 신성을 통제하여라.

욕망을 없앤 자는 참으로 위대하다.

내면의 신성한 대아가 욕망의 바로 그 지식을 없애 버린 자는 더욱 더 위대하다.

그대의 하위 자아가 상위 자아를 더럽히지 않도록 경계하여라.

궁극의 자유에 이르는 길은 '그대 자신' 속에 있느니라.

그 길은 그대의 하위 자아 밖에서 시작되어 밖에서 끝난다.

모든 강의 어머니는 사람들에 의해 칭송 받지 못하며, 교만한 티르티카[82]들의 눈에는 초라해 보이나니. 불멸의 감로로 가득 차 있는 인간이 어리석은 자들의 눈에는 텅 비어 있도다. 성스러운 강들의 발상지는 신성한 땅이리니. 지혜를 지니고 있는 자는 모든 사람들이 칭송하느니라.

무한한 통찰력을 갖고 있는 아라한과 성자들은 우둠바라 나무의[83] 꽃이 피는 것만큼이나 희귀하다. 죄 많은 자의 발길이 닿지 않은, 눈 덮인 고봉(高峰)의 얼어붙은 땅에서 맑은 이슬을 먹고 피어나며, 아홉 줄기와 일곱 줄기로 뻗어나는 성스러운 식물과 함께 아라한은 한밤중에 태어난다.

오, 제자여! 혼이 처음으로 궁극의 자유를 갈구하기 시작하는 바로 그 생에서 그 누구도 아라한이 되지 않는다. 그러나 열성에 넘쳐 있는 자여! 불멸의 상위 자아와 하위 자아 사이의 격렬한 싸움에 자발적으로 나서는 전사는 비록 한 명의 신병일지라도 전쟁터로 가는 '도의 길'에 오를 수 있는 권리를 거절당하지 않을 것이니라.

왜냐하면 그는 승리하거나 패배할 것이다.

만일 그가 정복하면 열반이 그의 것이리니. 그가 저 끝없는 고통과 고뇌의 원인인 속세의 번뇌를 벗어 던지면, 사람들은 그 속에 있는 위대하고 성스러운 붓다를 칭송할 것이니라.

그러나 만일 그가 쓰러진다면 그는 결코 헛되이 쓰러진 것이 아니니라. 그가 마지막 싸움터에서 죽인 적들은 다음 생에 또다시 적으로 되돌아오지 않을 것이다.

그러나 그대가 열반에 이르고자 하거나 아니면 '영예로운 보상'을 물리치고 싶거든, 불굴의 가슴을 가진 자여! 행(行)과 무행(無行)의 열매가 그대의 동기가 되지 않도록 하여라.

오, 앞으로 다가올 수십 주기의 긴 세월 내내, 고뇌를 자원한 자여! '비밀의 삶'[84]이라는 비애를 짊어지기 위해 자유를 포기한 여래(Bodhisattva)는 '영예롭고 또 영예롭고 다시 또 영예로운 자'라고 불리리라.

제자여! 길은 하나이지만, 그 끝에서는 두 갈래이니라. 그 단계는 네 개의 문과 일곱 개의 문으로 나누어져 있느니라. 하나는 즉각 지복에 이르는 길이요, 다른 하나는 지복을 늦추는 길이다. 두 길 모두 보상이니라. 선택은 그대의 자유이다.

하나가 둘로 되느니. 열린(Open) 길과 비밀(Secret)의 길이 그것이다. 열린 길은 궁극적인 목적지에 이르는 길이며, 비밀의 길은 자기 희생으로 나가는 길이니라.

'영원한 것'을 위해 무상한 것을 희생할 때, 그 보상은 그대의 것이리니. 물방울은 자신이 생겨난 곳으로 되돌아가는구나. 열린 길은 변화 없는 변화, 영예로운 절대 경지, 인간의 상상을 초월하는 지복인 열반으로 이끄는구나.

이렇게 첫 번째 길은 자유(LIBERATION)에 도달하느니라.

그러나 두 번째 길은 포기(RENUNCIATION)의 길로, '고뇌의 길(Path of Woe)'이라고 불려진다.

비밀의 길은 아라한을 말로는 형언할 수 없는 정신적 고뇌로 이끄나니. '살아 있는 죽은 자'들에 대한 고뇌이며, 성자들도 감히 어쩔 수 없는 카르마의 비애에 잠겨 있는 사람들에 대한 무력한 동정이니라.

왜냐하면 이렇게 쓰여 있기 때문이다.

"모든 원인들을 피하도록 가르쳐라. 거대한 파도처럼 밀려드는 결과의 파문이 제 갈 길을 가도록 그대는 맡겨 두어야 하느니라."

열린 길은 그대가 목적지에 도달하자마자 그대로 하여금 여래(如來)의 길을 포기하도록 이끌며, 이 세계와 인간들을 영원히 망각하게 만드는 세 번이나 영광스러운 다르마카야의 상태로 들어가게 할 것이니라.

비밀의 길도 셀 수 없이 많은 수십 겁이 끝날 무렵에 그대를 파라니르바나의 지복 속으로 이끌지니. 열반을 얻었다가 망상에 현혹된 이 세계의 인간들에 대한 무한한 동정과 자비심에서 그 열반을 포기했다.

그러나 "후자가 가장 위대한 것이다"라고 했느니라. 지고한 완성의 스승, '삼약삼부다(Samyak Sambuddha)'는 절대 순수의 경지, 열반의 문턱에서 멈추어 서서, 세계의 구제를 위해 그의 대아(大我)를 포기했느니라.

이제 그대는 두 갈래 길에 대한 지식을 얻었느니라. 오, 열의로 가득 찬 혼이여! 그대가 일곱 개의 문을 지나 목적지에 도달했을 때 그대는 선택을 하게 되리라. 그대의 정신은 이제 맑다. 그대는 모든 것을 터득했기 때문에 더 이상 망상에 빠져 혼돈하지 않는다. 비밀의 베일을 벗은 진리가 그대의 얼굴을 준엄하게 응시하면서 이렇게 말한다.

"대아를 위한 안식과 자유의 열매는 감미롭다. 그러나 오랜 세월이 걸리는 쓰디쓴 의무의 과실은 그보다 훨씬 더 감미롭다. 고통 받고 있는 다른 사람들을 위해 자신을 포기하는 것이 그 의무이니라."

'프라티에카 붓다(Pratyeka Buddha)'[85]가 되는 자는 오직 자신의 대아에게만 순종한다. 싸움에서 승리하여 영예로운 보상을 손에 들고 있는 보살은 성스러운 자비심에서 말한다.

"다른 사람들을 위해 이 위대한 보상을 포기하노라."
그는 이렇게 더 위대한 희생을 성취한다.

'이 세상의 구원자'가 바로 '그'이니라.

보아라! 지복의 목표와 길고 긴 고뇌의 길은 가장 멀리 떨어져 있다. 비애의 길을 열망하는 자여! 그대는 앞으로 다가올 수십 주기 내내 어느 길이든 선택할 수 있다.

옴 바즈라파니 훔(OM VAJRAPANI HUM)[86]

54. 붓다의 가르침의 두 개 학파, 즉 비전(esoteric, 秘傳) 학파와 현교(exoteric, 顯敎)를 각각 '가슴의 가르침(Heart Doctrine)'과 '눈의 가르침(Eye Doctrine)'이라고 부른다. 보디달마(Bodhidharma)-달마 대사-는 중국에서 그것을 비전 학파 그리고 현교학파로 불렀다. 고타마 붓다의 가슴(heart)에서 나온 가르침이기에 그렇게 불렀고, 눈의 가르침은 그의 머리 혹은 두뇌의 작업이었다. '가슴의 가르침'은 또한 '진리의 봉인(seal of the truth)' 혹은 '진정한 봉인'이라고 불렀고, 거의 모든 비전적인 작품들에서 보이는 상징이다.

55. '지식의 나무(Tree of Knowledge)'는 달마 대사의 제자들이 비교(秘敎) 지식에 통달한 자들-초인들-을 호칭하는 말이다. '마디야미카' 학파의 창시자인 나가르주나(불교에서는 용수보살이라고 부름)는 '용수(Dragon Tree)'라고 불렀는데, 용은 지혜와 지식을 상징한다. 이와 같이 나무가 소중히 여겨지는 것은 부처님이 탄생과 깨달음을 얻은 곳이 바로 보리수 아래였으며, 첫 번째 설법도 보리수 아래에서 있었다. 그리고 열반에 드신 것도 보리수 아래서 이루어졌기 때문이다.

56. '비밀의 가슴(Secret Heart)'은 '비교(秘敎)의 가르침'을 뜻한다.

57. 금강혼(Diamond Soul)은 '바즈라사트바(Vajrasattva)', 지고의 붓다를 지칭하는 것으로, 모든 '신비의 주(Lord of all Mysteries)'로 '바즈라다라(Vajradhara)' 혹은 '아디-붓다(Adi-Buddha)'라고 불린다.

58. 사트(Sat)는 유일의 영원하며 절대적인 실재이자 진리로, 그 이외 나머지는 모두가 허상이다.

59. 혜능의 가르침에서, 인간의 정신은 먼지들을 끌어 모으고 반사하는 거울과 같다고 가르친다. 그래서 그 거울같이 되기 위해서는 매일매일 지키고 닦아야 한다고 가르친다. 혜능은 달마대사의 비교(秘敎)의 가르침을 가르쳤던 북중국의 6대 조사이다.

60. 북방 불교에서는 윤회하는(환생하는) 자아를 '진정한 인간(true man)'이라고 부르고, 상위 자아인 붓다와 하나가 된다.

61. 여기서의 붓다(Buddha)는 '깨달은 자'를 말한다.

62. 대중들의 현교적 불교를 말한다.

63. 불교 경전들의 서두에 시작되는 일반적인 형식으로, 다음에 나오는 것은 붓다나 아라한들로부터 직접적인 구전에 의해 기록되었다는 것을 의미한다(여시아문: thus have I heard).

64. 불사(不死).

65. 진정한 신성한 지혜.

66. 상위 자아(Higher Self), 제7원리.

67. 신비학파에서는 인간의 육체를 '그림자(Shadows)'라고 부른다.

68. 붓다(Buddha).

69. '아란야카(Aranyaka)'라고 부르며, 요가 수행자가 될 때, 숲 속이나 정글 속에 은둔해 사는 자.

70. '줄라이(Julai)'는 모든 붓다에게 붙여진 칭호로, 타타가타(Tathagata: 여래)를 말하는 중국어이다.

71. 북방 불교, 남방 불교 모두, 붓다가 인생의 문제를 해결하자마자, 즉, 내면의 깨달음을 얻자마자 은둔 생활을 버리고 인류에게 설법을 펼쳤다고 말한다.

72. '개성'이나 육체는 일시적인 것이기 때문에 '그림자'라고 불린다.

73. 정신(마나스)은 인간 속에 있는 '사고하는 자아'로, 지식 그 자체로 여겨진다. 왜냐하면 인간의 자아는 '우주 마인드(universal Mind)'의 자식, 즉 '마나사-푸트라(Manasa-putra)'라고 불리기 때문이다.

74. 샹나 의상(Shangna robe)은 불교를 퍼뜨린 33명의 아라한들 중 세 번째로 위대한 아라한인 '라자그리하'의 '샹나바수(shangnavasu)'의 옷이다. 그것은 지혜를 획득해서 그 지혜를 가지고, 개성을 말살하는 열반에 들어갔다는 것을 의미한다. 글자 그대로는 초심자가 비전을 받을 때 입는 옷이다. 에드킨스(Edkins)가 말하길, 레이똥(Le Hy Tong) 왕조 때 티베트에서 중국으로 이 옷을 가져왔다고 한다. 전설에 따르면, "아라

한이 태어날 때, 깨끗한 곳에서 이 식물(상나 식물)이 자라난다"고 한다.

75. '파라미타(Paramita)의 도를 실천하는' 것은 고행자가 된다는 것이다.

76. '내일'은 다음 생을 의미한다.

77. 대 여행은 존재의 완전한 주기, 즉 한 라운드를 의미한다.

78. 화성(Mars).

79. 수성.

80. 태양.

81. '스로타파티(Srotapatti)'는 '열반으로 흐르는 시냇물에 들어간 자'라는 의미로, 어떤 예외적인 이유가 아니면 한 번의 생에서 열반에 이르기 힘들다. 일반적으로 제자는 어느 한 생에서 노력을 시작해 다음 일곱 번째 생에서 그 목표에 도달한다.

82. 성스러운 땅인 티베트에 있는 불교도들은 '티르티카'를 이교도라고 부르며, 그들도 불교도를 이교도라고 부른다. 티르티카(Tirthika)는 히말라야 너머에 있는 브라만 학파이다.

83. 무한한 통찰력 혹은 초인적인 통찰력으로, 아라한은 모든 것을 보며 안다고 한다.

84. '비밀의 삶(Secret Life)'은 '니르마나카야(Nirmanakaya)'로서의 삶을 뜻한다.

85. 많은 삶 동안 정진을 해서 종종 다르마나카야에 도달한 보살들이다. 인류를 돕거나 인류의 비애에는 관심이 없기 때문에 그들은 니르바나로 들어간다. 즉, 인류의 시야와 가슴으로부터 사라진다. 북방 불교에서는 프라티에카 붓다는 '영적인 이기심'과 동의어이다.

86. 천둥, 번개를 휘두르는 자.

신지학의 목적은 진리 추구이다.

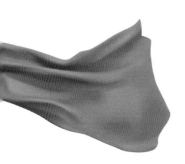

3. 일곱 개의 문

스승이시여![87] 이제 선택을 했습니다. 더 큰 지혜를 갈망합니다. 당신은 비밀의 길 앞에 놓인 베일을 걷어서 '대승'을 가르쳐 주셨습니다.[88] 여기 당신의 종이 다시 당신의 가르침을 받을 준비가 되었습니다.

제자여! 이제 그대는 홀로 여행할 준비를 갖추어야 하느니라. 스승은 길을 가르쳐 줄 수 있을 뿐, '길'은 누구에게나 똑같은 하나의 길이지만, 목적지에 도달하는 방법은 순례자들마다 다르기 마련이다.

불굴의 가슴을 가진 제자여! 어떤 길을 선택하겠는가? 사중(四重)의 디야나, '눈의 가르침'의 '삼탄'을 택할 것인가[89] 아니면 지혜의 일곱 번째 단계인 프라냐(Prajna)와 보디(Bodhi)로 이끄는 여섯 가지 파라미타인[90] 고귀한 미덕의 문을 거쳐 가는 실 같은 길을 택할 것인가?

네 단계 디야나의 험준한 길은 언덕 위로 굽어져 있나니. 그 높은 정상에 오르는 자는 위대하고 더 위대하고 더욱 더 위대한 자이다.

파라미타의 정상은 그보다 훨씬 더 가파른 길로 올라가야 한다. 그대는 일곱 개의 관문을 싸워서 통과해야 하느니라. 그 일곱 개의 기둥은 욕정의 화신인 잔인하고 교활한 힘들에 의해서 지지되고 있느니라.

제자여! 용기를 내어라. 황금률을 명심하여라. 일단 그대가 스로타파티, 즉 '시냇물에 들어간 자'의 문을 통과하기만 하면, 일단 그대가 현생이나 미래 생에서 해탈의 시냇물 바닥에 발을 담그기만 하면, 오! 불굴의 의지를 지닌 자여! 이제 그대 앞에는 일곱 번의 환생만이 남아 있을 뿐이다.

신과 같은 지혜를 갈구하는 자여! 보아라. 그대 눈앞에 무엇이 보이는가?

어둠의 장막이 물질의 심연을 덮고 있습니다. 그 장막 속에서 제가 몸부림치고 있습니다. 아래를 내려다보니 어둠은 점점 더 깊어집니다. 손을 흔들자 장막이 흩어집니다. 몸뚱어리를 길게 뻗은 뱀이 똬리를 튼 것처럼, 그림자가 천천히 움직이고 …… 그것은 점점 자라서 부풀어 오르다가 이내 어둠 속으로 사라집니다.

그것은 도(道)의 길 밖으로 벗어나 있는 그대 자신의 그림자로, 그대 죄의 어둠 위로 드리워진 것이다.

오! 스승이시여! '길(PATH)'이 보입니다. 그 길의 기슭은 수렁 속에 있고, 그 정상은 영광스러운 니르바나 빛 속으로 사라집니다. 이제 지혜에[91] 이르는 험난한 가시밭길 위에 있는 갈수록 좁아지는 문들이 보입니다.

잘 보았구나, 제자여! 그 문들은 열망자를 물 건너 피안으로[92] 이끄는 문들이다. 문들마다 그 문을 여는 황금 열쇠가 있다. 그 열쇠들은 이러하다.

제1 열쇠는 다나(DANA)로, 불멸의 자비와 사랑의 열쇠이다.

제2열쇠는 실라(SILA)로, 원인과 결과의 균형을 잡아주는 열쇠로 더 이상의 카르마 작용을 막아 주는 언행(言行)의 조화의 열쇠이다.

제3열쇠는 크샨티(KSHANTI)로, 어떤 것에도 동요되지 않는 상냥한 인내심이다.

제4열쇠는 비라가(VIRAGA)로, 고통과 쾌락에 무관심하고 환영을 정복하며 오직 진리만 지각하는 것이다.

제5열쇠는 비리야(VIRYA)로, 세속의 거짓의 수렁에서 벗어나서 지고의 진리를 향해서 싸워 헤쳐 나가는 불요불굴의 에너지이다.

제6열쇠는 디야나(DHYANA)로, 일단 황금의 문을 열기만 하면 성자를 영원한 사트의 영역과 끝없는 관조로 이끈다.

제7열쇠는 프라냐(PRAJNA)로, 인간을 디야니스의 아들인 보살로 만들고 신으로 만드는 열쇠이니라.

이것들이 문들을 여는 황금 열쇠들이니라.

오! 베옷을 짜듯이 그대 자신의 자유를 짜는 자여! 그대가 마지막 문에 도달하기에 앞서서 길고 지루한 길을 따라 있는 완성의 파라미타를 통달해야 하느니라.[93]

오! 제자여! 그대가 그대의 스승(MASTER)을 직접 대면할 수 있기 전에, 그대의 스승을 빛과 빛으로 대면할 수 있기 전에, 그대는 무엇을 들었는가?

그대가 맨 앞에 있는 제1의 문에 도달하기에 앞서, 그대는 먼저 정신에서 육체를 떼어 놓아야 하고, 그림자를 흩뜨려 없앨 줄 알아야 하며, 영원 속에서 사는 것을 터득해야 한다. 그러기 위해서 그대는 모든 것 안에서 숨 쉬고 살아야 한다. 그대가 지각하는 모든 것들이 그대 속에서 숨 쉬듯이, 그대는 그대 자신이 만물 속에 거주하고 있다는 것을 느끼고, 만물이 대아(大我) 속에서 살아간다는 것을 느껴야 하느니라.

그대는 그대의 정신을 감각들의 놀이터로 삼지 마라.

그대의 존재를 절대 존재(BEING)로부터 분리시키지 마라. 대양(大洋)을 한 방울의 물속으로 융합시키고, 한 방울의 물을 대양 속으로 융합시켜라.

그러므로 그대는 살아 있는 모든 것들과 완전한 조화를 이루게 될 것이다. 모든 사람들에 대해 사랑을 품어라. 마치 그들이 한 스승의 제자들인 것처럼, 한 어머니의 자식들인 것처럼,

스승들은 많지만 스승의 혼(MASTER-SOUL)은 하나, '알라야', 즉 우주혼(Universal Soul)이다.[94] 그 스승의 광선이 그대 속에서 살고 있듯이, 그 스승 속에서 살아라. 사람들 모두가 '알라야' 속에서 살고 있듯이, 그대는 그 사람들 속에서 살아야 하느니라.

그대가 도(道)의 길 입구에 들어서기 전에, 그대가 첫 번째 문을 건너가기 전에, 그대는 먼저 둘을 하나로 융합시키고 초월적 대아를 위해서 개성아를 희생시켜서 둘 사이에 있는 '길'인 '안타카라나'를[95] 소멸시켜야 한다.

엄격한 지고의 법인 '다르마'의 물음에 답할 준비를 해야 한다. 그대가 첫발을 내디뎠을 때 그대에게 물을 것이다!

"숭고한 희망을 품은 자여! 그대는 모든 규칙들을 따랐는가?"

그대는 그대의 가슴과 정신을 모든 인류의 거대한 가슴과 정신에 맞추었는가? 모든 자연계의 음향이 성스러운 강의 우렁찬 소리에 반영되어 나오듯이[96] '시냇물에 들어간 자'의 가슴과 정신은 살아 숨 쉬는 모든 것의 숨결과 생각에 반영되어야 하느니라.

제자들은 혼의 소리를 내는 비나의 현에 비유될 수 있고, 인류는 음향판에 그것을 켜는 손은 '대세계 혼(GREAT WORLD-SOUL)'의 조화로운 숨결에 비유될 수 있다. 스승이 건드렸을 때 다른 현들과 어우러져 조화로운 화음을 못내는 현은 끊어져 버려지듯이 모든 제자들의 정신도 마찬가지다. 대령(Over-Soul)의 정신과 조화를 이루어야 하느니. 그렇지 않으면 끊어져 버리게 되느니라.

자신의 혼을 죽인 자들인 '그림자의 형제들'인 무서운 둑파가 그러했느니라.[97]

오! 빛의 후보자여! 그대의 존재를 인류의 커다란 고통에 맞추었는가?

그대는 조화시켰는가? 그러하다면 그대는 들어설 수 있느니라. 그러나 그대가 쓸쓸한 비애의 길에 들어서기 전에 먼저 곳곳에 도

사리고 있는 함정들을 알아야 한다.

⁓

자선과 사랑 그리고 자비의 열쇠를 가지고 있다면 도의 길로 들어서는 문인 다나의 문 앞에서는 안전하리라.

보아라! 행복한 순례자여! 그대를 마주하고 있는 문은 높고 드넓어서 쉽게 들어갈 수 있는 듯 보인다. 그 문을 지나가는 길은 곧고 평탄한 초원이다. 그 곳은 어둡고 깊은 숲 속에 있는 양지바른 빈터와 같고, 지상에 투영된 아미타바 낙원과 같다. 희망의 나이팅게일과 눈부신 깃털을 가진 새들이 푸른 나뭇가지에 앉아서 두려움을 모르는 순례자들의 성공을 기원하는 노래를 부른다. 그 새들은 대지식의 일곱 단계의 원천이며, 신성 지혜의 다섯 겹의 근원인 보살의 다섯 가지 미덕을 노래하고 있다.

앞으로 계속 나아가라! 그대는 열쇠를 가졌으니 안전하다.

두 번째 문까지의 길도 초록색으로 덮여 있다. 그러나 그 길은 험하고 위로 굽어진 길이다. 그 길은 바위투성이로 정상까지 험하게 굽이져 있다. 거칠고 돌투성이인 정상에 잿빛 안개가 걸려 있다. 그리고 그 너머는 모든 것이 어둡다. 앞으로 계속 나아감에 따라서 순례자의 가슴속에서 울리는 희망의 노래는 점점 더 작게 들린다. 이제 의심의 오싹함이 그를 뒤덮는다. 그의 발걸음은 점점 더 흐트러져 간다.

오! 후보자여! 이것을 경계하라. 그대 혼의 달빛과 아주 멀리 어렴풋하게 보이는 그대의 숭고한 목적지 사이에서 한밤중에 시커멓고 소리 없는 박쥐의 날개처럼 퍼져나가는 두려움을 경계하라.

오, 제자여! 두려움은 의지를 죽이고 모든 행위를 정지시키느니. 만약 실라의 미덕을 갖추지 못한 채 여행을 하면 돌로 덮여 있는 도(道)의 길에서 카르마의 자갈들이 순례자의 발에 상처를 입히리라.

후보자여! 발을 조심스럽게 내디뎌라. 크샨티의 본질 속에 그대의 혼을 목욕시켜라. 이제 그대는 인내와 용기의 문인 크샨티의 문에 다가선다.

그대의 눈을 감지 말고 도르제에서 눈을 떼지 마라.[98] 마라의 화살들은 비라가에 이르지 못한 자를 향해 쏘느니라.[99]

두려움에 떨지 않도록 경계하여라. 두려움의 숨결 아래서 크샨티의 열쇠는 녹슬게 되나니. 녹슨 열쇠로는 문을 열지 못하느니.

그대가 점점 더 앞으로 나아갈수록 그대 발은 점점 더 많은 함정들을 만나게 되리라. 가슴속에서 타오르는 용기의 빛, 바로 그 하나의 불이 앞으로 나아가는 길을 밝혀 주리라. 용기를 내면 낼수록 더욱 더 많은 빛을 얻게 될 것이다. 두려워하면 할수록 그 빛은 점점 더 희미해지리라. 그 빛만이 그대를 안내할 수 있느니라. 저 높은 산봉우리에서 비추는 석양의 햇빛이 사라지면 캄캄한 어두운 밤이 오듯이, 가슴의 빛도 마찬가지다. 가슴의 빛이 사라지면 그대 자신의 가슴으로부터 나온 어둡고 위협하는 그림자가 길에 떨어져 공포로 그대의 발을 꼼짝 못하게 하리라.

제자여! 그 치명적인 그림자를 조심하여라. 모든 이기적인 생각이 하위의 혼에서 사라지지 않는 한, 대령(大靈)으로부터 빛나는 눈부신 빛도 그 혼의 어두움을 쫓아 버릴 수 없느니라. 순례자는 이렇게 말한다!

"이제 나는 이 덧없는 육체를 버렸다. 나는 원인을 없애 버렸다. 던져진 그림자들은 결과로서 더 이상 존재할 수 없다."

왜냐하면 이제 상위 자아와 하위 자아 사이의 최후의 대전쟁이 시작되었다. 보라! 그 전쟁터는 지금 대전쟁에 휩싸여 있지만 더 이상 그러하지 않을 것이다.

일단 그대가 크샨티의 문을 지나면 세 번째 단계를 밟은 것이다. 그대의 육체는 그대의 노예가 되었다. '내면의 인간'을 함정에 떨어지도록 유혹하는 문인 네 번째 문에 대비하라.

그대가 네 번째 문에 다가가기 전에 그 문의 빗장을 올리기 위해서 손을 들기 전에 먼저 그대 자아 속에서 일어나는 모든 정신적 변화들을 소집하고, 혼의 눈부신 성소 속으로 몰래 기어드는 미묘하고 교활한 생각과 감각의 군대를 괴멸시켜야 한다.

그것들에 의해 죽음을 당하지 않으려면, 그대는 그대 자신의 창조물들, 즉 보이지 않고 만질 수도 없으며, 인류 주위에 꾀어드는 그대 사고의 산물들, 인간의 자손이자 세속적 성과의 상속자들을 무해하게 만들어야 한다. 그대는 충만해 보이는 텅 빔을 텅 비어 보이는 충만함을 깨우쳐야 한다. 오! 두려움 없는 열망자여! 그대 자신의 가슴 속 샘을 깊이 들여다보고 대답하여라. 외면의 그림자를 인식하는 자여, 그대는 대아(大我)의 힘을 아는가?

만약 그대가 알지 못한다면, 그대는 길을 잃었느니라.

왜냐하면 네 번째 길에 오르면 아무리 미약한 열정이나 욕망의 미풍이라도, 순백의 혼의 벽에 비춰진 빛을 흩어지게 하기 때문이다. 마야의 환영적인 선물에 대한 아무리 작은 아쉬움이나 미련일지라도, 번개 빛 같은 순식간에 지나가는 생각일지라도, 대령과 그대 자아 사이에 놓여 있는 길이며, 아함카라(Ahankara)를[100] 거칠게 일깨우는 느낌의 고속도로인 안타카라나(Antahkarana)를 통해서 그대가 이미 얻었던 세 개의 상을 잃게 만들 것이다.

영원한 것(ETERNAL)은 변화를 모른다는 것을 알아라.

"여덟 가지 쓰라린 불행을 영원히 버려라. 그렇지 않으면, 그대가 지혜에 이르지 못함은 물론이요, 자유에도 이르지 못하리니."
'앞서간 분들의 발자국을 따라간 자'인 깨달음의 완성을 이룬 '타타가타'인[101] 위대한 스승께서 말씀하셨다.

비라가의 미덕은 엄격하고 정확하다. 그대가 이 길을 통달하고 싶거든, 이전보다 훨씬 더 자유로워진 그대의 지각과 정신이 행위를 죽이도록 해서는 안 된다.

그대는 그대 자신을 순수한 알라야로 흠뻑 적셔야 하고 '대자연의 혼의 생각(Nature's Soul Thought)'과 하나가 되어야 한다. 그것과 일체가 되었을 때, 그대는 정복할 수 없는 존재가 되리라. 그것과 분리되었을 때, 그대는 세계의 모든 환상의 근원인 '삼브리티'의 놀이터가 되리라.[102]

알라야의 순수하고 밝은 정수를 제외하고 인간 속에 모든 것이 유한하다. 인간은 알라야의 수정 같은 광선이다. 낮은 표면에 있는 물질 점토의 형상이지만 내면은 때 묻지 않은 한줄기 빛이다. 바로 그 빛줄기야말로 그대 삶의 길잡이요, 그대의 진아이고 관찰자이며 침묵의 사색가로 하위 자아의 희생자이니라. 그대 혼은 상처를 입을 수 없으며, 오직 그대의 잘못된 육체를 통해서만 고통을 받나니. 혼과 육체를 통제하고 잘 다스리면, 다가오는 '균형의 문(Gate of Balance)'으로 건너갈 때 그대는 안전하리라.

'피안으로 가는' 용기 있는 순례자여! 용기를 내어라. 마라 무리들의 속삭임에 귀 기울이지 마라. 끝없는 공간 속에 있는 사악하고 질투심 많은 '라마인'[103] 유혹의 무리들을 쫓아버려라.

굳건히 버텨라. 그대는 이제 '비애의 문'이라는 수만 개의 함정이

도사리고 있는 중간의 문에 다가서고 있다.

오, 완성을 위해 노력하는 자여! 그대가 이 경계를 넘어서려거든, 그대 자신의 생각들을 완전히 다스려야 한다.

불멸의 진리를 추구하는 자여! 그대가 목적지에 도달하려거든 그 대 혼을 완전히 다스려야 한다.

그대 혼의 시선을 애착으로부터 자유로운 그 빛, 하나의 순수한 빛(One Pure Light)에 집중시켜라. 그리고 그대의 황금 열쇠를 사용하여라.

지루하고 힘든 일을 다했다. 그대의 노고는 거의 끝이 났다. 그대를 집어삼키려고 입을 벌리고 있는 광대한 심연을 거의 지났다.

그대는 이제 인간의 욕정의 문을 둘러싸고 있는 연못을 건너갔다. 그대는 이제 마라와 그 흉포한 무리들을 정복했다.

그대는 그대 가슴으로부터 더러움을 제거했으며, 불순한 욕망으로 그대 가슴이 피를 흘리게 했다. 오! 영예로운 전사여! 그대의 과업이 아직 완수되지 않았다. '성스러운 섬(Holy Isle)'[104]을 에워싸는 방벽을 높이 세워라. 위업을 달성했다는 생각에서 비롯되는 자만과 만족으로부터 그대의 정신을 보호하는 벽을 높이 쌓아라.

자만심은 일을 망치리니. 심지어 승리를 쟁취했다 하더라도 거대한 마야의 대양으로부터 해변으로 밀려와 부딪히고 올라오는 저 사납게 휘몰아치는 파도가 순례자와 성을 집어삼키지 못하도록 방벽을 든든히 세워라.

그대의 '성(城)'은 사슴이고, 그대의 생각들은 생명의 시냇가로 가고 있는 사슴을 끈질기게 쫓아가고 지치게 만드는 사냥개들이다. '순수한 지식의 길'이라 불리는 '그냐나 마르가(Jnana Marga)', 즉 피난처의 계곡에 도달하기 전에 짖어대는 사냥개들에게 따라 잡히는 사슴들은 참으로 애석하도다!

오, 행과 불행의 정복자여! 그대가 '그냐나 마르가'에[105] 안착하여 그것을 자신의 것이라고 부르기 전에 그대의 혼은 무르익은 망고 과일처럼 되어야 한다. 다른 사람들의 고통을 위로하기 위해선 황금빛 과육처럼 부드럽고 달콤해야 하며, 그대 자신의 고통과 슬픔에 대해선 그 과일의 씨처럼 단단해야 한다.

자아를 유혹하는 모든 것들에 대해서 그대 혼을 강건하게 하여라. 그리하여 '금강혼'이라는 이름의 자격을 얻어라.[106]

박동하는 가슴 속 깊이 묻혀 있는 금강석이 지상의 빛을 반영할 수 없듯이, 그대의 정신과 혼도 마찬가지다. 그녀나 마르가에 푹 빠져버린 정신과 혼은 마야의 영역에 속하는 그 어떤 것도 반사하지 않는다.

그대가 그 상태에 이르렀을 때 그대가 도의 길에서 정복해야만 하는 문들이 활짝 열려서 그대가 지나갈 수 있도록 할 것이다. 그리고 아무리 막강한 대자연의 힘일지라도 그대가 가는 길을 막지 못하게 된다. 그대는 일곱 겹의 도의 길에 주인이 될 것이다. 오! 이루 말할 수 없는 시련을 지원한 자여! 그러나 그때가 되기 전에는…….

그때가 되기 전까지, 아직도 훨씬 더 힘든 과업 하나가 그대를 기다리고 있나니, 그대 자신이 '모든 생각(ALL-THOUGHT)'을 느껴야 하되, 그 모든 생각들을 그대의 혼으로부터 추방시켜야 한다.

아무리 강한 미풍일지라도 그대 내면에서 단 하나의 세속의 생각이 떠다닐 수 없도록 정신을 고정시켜야 하느니, 이렇게 정화되고 나면 그 성소는 모든 행위나 소리 그리고 지상의 빛이 없는 텅 빈 곳이 되어야 한다. 마치 서리 맞은 나비가 문간에 떨어져 죽어 있듯이 그대의 모든 세속적 생각들도 성전 앞에 떨어져 죽어야 한다.

성전에는 이렇게 쓰여 있도다.
"황금 불꽃이 빛을 잃지 않고 계속 타오를 수 있도록 등을 모든 바람으로부터 안전한 곳에 잘 보관해 두어야 하느니라."[107]
바람에 노출된 등불은 깜박거릴 것이니 흔들리는 불꽃은 혼이 거주하는 순백의 성소에 현혹적이고 어두운 끊임없이 변하는 그림자를 드리우리니.

오, 진리를 추구하는 그대여! 그러면 그대의 정신-혼은 정글 속에서 날뛰는 미친 코끼리처럼 되리라. 숲 속의 나무들을 살아 있는 적들로 착각하고 햇빛이 비추는 바위벽 위에서 춤추는 그림자들을 죽이려고 하다가 이내 죽어 간다.
대아(大我)의 보호 아래서 그대 혼이 신지(神智)의 땅에서 발판을 잃지 않도록 경계하라.

대아를 망각하여 그대의 혼이 동요하는 정신을 통제하지 못해서 정복하면 당연히 얻게 될 보상을 잃지 않도록 경계하여라.

변화를 경계하라! 변화는 그대의 대적이다. 이 변화는 그대와 끝까지 싸울 것이며, 그대가 걷는 도의 길에서 그대를 끈적끈적한 의심의 늪 속으로 내던지리라.

미리 준비하고 경계하라. 오, 불굴의 전사여! 그대가 도전해서 실패했다 할지라도 용기를 잃지 마라. 계속 도전해서 싸우고 또 싸워라.

두려움을 모르는 전사는 큰 상처에서 소중한 생명의 피가 쏟아져 나오더라도 자신이 쓰러지기 전까지는 적을 계속해서 공격하며 자신의 요새로부터 쫓아내어 결국에는 절멸시킨다. 그러니 행동하라. 패배로 고통 받는 자들이여! 전사같이 행동하라! 그대 혼의 요새로부터 그대의 모든 적들, 즉 야망, 분노, 혐오, 심지어 욕망의 그림자까지 쫓아버려라. 심지어 그대가 패배했을지라도……

인류의 해방을 위해서 싸우는 그대[108] 명심하여라. 모든 실패는 성공이며, 모든 신실한 시도는 때가 되면 그 보상을 받는다는 것을. 제자의 혼속에서 보이지 않게 싹이 나서 자라나는 신성한 씨앗은 새로운 시도를 할 때마다 그 줄기가 점점 더 강해지고 갈대처럼 구부러지지만 부러지지 않으며, 결코 사라질 수 없다. 그러나 때가 되

었을 때 그것은 꽃을 활짝 피우리라.[109]

　그대가 준비하고 왔다면, 두려워하지 마라.

～～

　이제부터 일곱 개 문 중에 다섯 번째 문인 비리야 문까지 그대의 길은 분명하다. 이제 그대는 여섯 번째 문인 '보디 문(Bodhi Portal)' 즉, 디야나의 안식처로 이끄는 길에 들어섰다.

　디야나 문은 마치 설화 석고 단지처럼 순백색이며 투명하다. 바로 그 속에 아트만으로부터 방사되는 프라냐(Prajna)의 불꽃, 즉 황금 불꽃이 계속 타고 있다.

　그대가 바로 그 단지이다.
　그대는 감각의 대상들로부터 벗어나 '시각의 길(Path of seeing)'과 '청각의 길(Path of hearing)'을 여행해서 지혜의 빛 속에 서 있다. 이제 그대는 티티크샤 상태에 도달했다.[110]

　오, 성자여! 그대는 안전하다.

모든 죄악의 정복자여! 알아라. 일단 '소와니(Sowanee)'가 일곱 번째 길을 통과하면[111] 자연 전체가 기쁜 경외심으로 전율하고 머리 숙인다는 것을. 이제 은빛별은 밤에 피어나는 꽃들에게, 실개천은 자갈들에게, 그 소식을 전하리라. 검은 대양의 파도들은 파도에 휩싸인 바위들에게 소리칠 것이다. 향기를 실은 미풍은 계곡에게 알리고, 위풍당당한 소나무는 신비스러운 속삭임으로 말하리라.

"영겁의 대스승(MASTER)이 일어섰다."[112]

이제 그대는 서쪽을 향해 서 있는 순백의 기둥과 같다. 떠오르는 영원한 생각의 태양이 그 기둥 위에 가장 찬란한 첫 번째 파동을 뿜어낸다. 그의 정신은 평온하고 끝없는 대양처럼 무한한 공간 속에 퍼져 가나니. 이제 그는 생과 사를 손 안에 쥐고 있다.

그러하다. 그는 강대하다. 그의 내면에 살아 있는 힘, 바로 자기 자신인 그 힘이 자유롭게 되었다. 그 살아 있는 힘은 환영의 거처를 신들 위로, 위대한 브라흐마와 인드라보다 높이 들어올린다. 이제 그는 자신의 위대한 보상을 받게 되리라.

거대한 망상의 정복자! 망상을 정복해서 자력으로 얻은 행복과 영광을 자기 자신의 안락과 지복을 위해 사용하지 않을까?

아니다. 대자연의 숨겨진 지식의 후보자여! 성스러운 타타가타의 길을 걷고자 한다면, 그런 재능과 권능들은 자아를 위한 것이 아니다.

그대는 수메루에서 흘러나오는 시냇물을 막을 것인가?[113] 그대는 그대 자신을 위해서 그 시냇물의 흐름을 바꿀 것인가? 아니면 주기의 마루를 따라서 원천으로 되돌려 보낼 것인가?

만약 그대가 힘겹게 얻은 지식의 시냇물, 즉 천상에서 태어난 지혜의 시냇물이 달콤하게 계속 흐르게 하고 싶거든, 그 시냇물이 고여 있는 연못이 되도록 내버려 두어서는 안 되나니.

명심하여라. 그대가 '무한의 공간', 즉 '아미타바(Amitabha)'의 협력자가 되길 원한다면 두 분의 보살처럼[114] 삼계 전체에 그대가 얻어 낸 빛을 비추어야 한다는 것을.[115]

명심하여라. 그대가 얻어낸 초인적 지식과 신성한 지혜의 시냇물을 알라야의 통로인 그대 자신으로부터 또 다른 시냇가로 쏟아 부어야 한다는 것을.

오, 비밀의 길을 걷는 성자여! 명심하여라. 그 순수하고 신선한 시냇물은 인류의 눈물로 이루어진 거대한 비애의 바다인 대양의 쓰라린 파도를 달콤하게 만드는 데 쓰여야 한다는 것을.

그대가 지고의 하늘에서 반짝이는 항성(恒星)처럼 된다면 그 눈부신 천체는 자신을 제외한 모두를 위하여 심연의 공간으로부터 나오는 빛을 비추어야 한다. 만물에게 빛을 주지만 그 어떤 것들에게서도 빛을 받지 마라.

일단 그대가 깊은 계곡에 있는 순수한 눈처럼 된다면, 만지는 손길에는 차갑고 무감각하지만 그 가슴속 깊이 잠자고 있는 씨앗에게는 따뜻하고 보호하는 눈 같은 존재가 된다면, 그 눈은 바로 살을 에는 듯한 서리와 북풍을 받아내는 눈이 되어야 하며, 굶주린 사람들을 먹일 약속된 수확을 품고 있는 대지를 잔인하고 쓰라린 삭풍의 이빨로부터 보호하는 그런 눈이 되어야 한다.

인류가 알지도 못하고 고마워하지도 않은 채, 미래에 있는 영겁의 세월 내내, 이렇게 살도록 스스로 운명을 정했다. '수호의 장벽'[116] 을 이루는 무수히 많은 다른 돌들과 함께 하나의 돌로 박혀 있는 것, 그대가 일곱 번째 문을 통과하면 그것이 바로 그대의 미래이다. 수 많은 자비의 스승들의 손에 의해 세워지고, 그들의 고통과 피로 다 져진 보호 장벽은 더욱더 깊고 훨씬 큰 불행과 비애로부터 인류를 보호한다.

그럼에도 불구하고 인간은 그것을 보지 못하고, 그것을 인식하지 도 못할 것이며, 지혜의 말에 귀 기울이지도 않을 것이다. 왜냐하면 그는 그것을 알지 못하기 때문이다.

열의 있고 진실한 혼인 그대! 그대는 그것을 들었고, 이제 모두 알 고 있다. …… 그리고 그대는 선택을 해야만 한다. 그러니 다시 한번 귀 기울여 들어라.

오, 스로타파티여! 소완(디야나의 첫 번째 길에 들어선 자로, 스로타파티 (srotapatti)라고도 한다 – 옮긴이 주)의 길에서 그대는 안전하다. 아니다. 그 길에서는 어둠만이 지친 순례자를 만나게 되고, 손은 가시에 찢 겨져 피가 흐르고, 발은 날카로운 돌부리에 찢어지며, 마라는 가장 강한 무기를 휘두른다. 그러나 바로 그 너머에는 고귀한 보상이 놓여 있다.

침착하고 흔들림이 없는 순례자는 니르바나에 이르는 시냇물을 거슬러 올라간다. 그의 발에서 더 많은 피가 흐르면 흐를수록 자신이 더욱더 순결해진다는 것을 그는 알고 있다. 일곱 번의 짧고 덧없는 생 뒤에는 니르바나가 자신의 것이 된다는 것을 그는 잘 알고 있다.

바로 그것이 디야나의 길이고, 요기의 안식처이며, 스로타파티들이 갈망하는 축복된 목적지이다.

그러나 아라한의 길을 지나 그 길을 얻어낸 자에게는 아직 그렇지 못하나니.

거기서 '클레샤'는 영원히 없어지고[117] 탄하의 뿌리가 완전히 뽑혀진다.[118] 그러나 제자여! 기다려라. 마지막 한마디 말만……. 그대는 신성한 자비를 파괴할 수 있는가? 자비는 어떤 속성이 아니니라. 그것은 대법 중의 대법이다. 영원한 조화, 알라야의 대아(SELF), 끝없는 우주 본질, 영원한 정의의 빛, 일체 만물의 본래의 적합성 그리고 영원한 사랑의 대법, 이것이 바로 자비이다.

그대가 그것과 하나가 되면 될수록 그대의 존재는 그것 속에 녹아 들어가고, 그대의 혼이 실재하는 그것과 하나가 될수록 그대는 '절대적 자비(COMPASSION ABSOLUTE)'가 되리니.[119]

바로 그것이 '아리야의 길(Arya Path)', 완전한 붓다의 길이다.

그러나 그대로 하여금 말하게 하는 성전(聖典)의 두루마리는 무엇을 의미하는가?

"옴! 모든 아라한들이 열반의 길의 감미로운 결실을 얻는 것이 아님을 알겠다."

"옴! 모든 부처들이 열반의 다르마에 들어가는 것이 아님을 알았다."[120]

그렇다. 아리야의 길에 들어선 그대는 더 이상 스로타파티가 아니라 그대는 보살이다.[121] 이제 그대는 시냇물을 건넜다. 그대가 다르마카야의 권리를 얻었다. 그러나 삼보가카야가 더 위대하고, 자비의 부처인 니르마나카야가 훨씬 더 위대하다.[122]

오, 보살이여! 이제 머리를 숙이고 잘 들어라. 자비가 말한다!

"모든 생물들이 고통 받고 있을진대 지복이 있을 수 있겠는가? 그대 자신만 구원을 받고 온 세상이 울부짖는 것을 들을 것인가?"

그대는 지금 그 말을 분명히 들었다.

그대는 일곱 번째 단계를 성취해서, 최후의 지식의 문을 지나가면 비애와 결합하게 되리니. 만약 그대가 타타가타가 되려거든 전임자들의 발자국을 따라서 끝없는 끝이 올 때까지 이타적인 상태로 계속 지내야 하느니.

그대는 깨달았다. 그대의 길을 선택하여라.

보아라. 동쪽 하늘에 넘쳐흐르는 아름다운 빛을 하늘과 땅이 하나

같이 칭찬한다. 활활 타오르는 불과 흐르는 물, 감미로운 향을 내는 땅과 힘차게 부는 바람인 네 가지 현현된 힘들로부터 사랑의 노래가 퍼져 나온다.

들어라! 승리자가 헤엄치는 황금빛의 헤아릴 수 없이 깊은 소용돌이로부터 대자연의 소리 없는 소리가 수천 가지 소리로 이렇게 선포한다.

오, 미얄바의 중생들이여! 그대들에게 기쁨이다![123]

'피안(彼岸)으로부터' 순례자가 돌아왔다.

마침내 새로운 아라한이 탄생했다.[124]

모든 만물에 평화를…….[125]

87. 원문에는 '우파디야야(Upadhyaya)'로 나와 있으며, 영적인 스승 혹은 구루를 의미한다. 북방 불교에서는 '비밀의 지혜'의 스승들, 즉 신성한 사람들-날조르(Naljor)-중에서 스승을 선택한다.

88. '야나(Yana)'는 '탈 것'을 의미한다. '마하야나(Mahayana)'는 대승을 나타내며, '히나야나(Hinayana)'는 소승을 나타낸다.

89. '삼탄(Samtan)'은 티베트어로, 산스크리트어의 디야나(Dhyana), 즉 명상의 상태와 같은 의미로 네 단계의 디야나가 있다.

90. 파라미타는 여섯 가지 초월적인 미덕을 의미하며, 승려들에게는 열 가지가 있다.

91. 그냐나(Jnana). 즉, 지혜, 지식을 의미한다.

92. 북방 불교에서 '피안에 도달하는 것'은 여섯 가지 혹은 열 가지 덕을 통해서 니르바나에 도달하는 것을 의미한다.

93. 파라미타(Paramita)는 초월적인 여섯 가지, 열 가지 덕을 말한다.

94. 스승의 혼(Master-Soul)은 알라야로, 우주혼 혹은 아트만이다. 모든 사람은 자신 속에 '알라야'의 광선을 가지고 있으며, 그것과 동일시 할 수 있고, 자신을 그 안으로 몰입시킬 수 있다고 한다.

95. '안타카라나(Antahkarana)'는 하위 마나스(manas)로, 개성과 상위 마나스, 즉 인간 혼을 연결하는 의사소통의 길이다. 인간이 죽을 때, 교류의 길로서의 역할이 없어지고, 그 잔재가 카마루파, 즉 껍질의 형태로 남게 된다.

96. 실제로 북방 불교도들이나 중국인들은 거대하고, 신성한 강에서 나오는 깊고 우렁찬 소리 속에서 자연의 주음을 찾았다. 그래서 이러한 비유를 쓴다. 자연의 총체적인 소리-예를 들면, 거대한 강들에서 나오는 소리, 거대한 숲을 이루는 나무들이 바람에 흔들릴 때 나는 소리, 먼 거리에서 들리는 도시의 소리-는 들을 수 있는 피치의 분명한 단조음이라는 것을 자연과학이나 오컬티즘에서는 잘 알려진 사실이다.

과학자들이나 음악가들이 이 사실을 증명했다. 중국인들은 수천 년 전에, 황하강의 소리는 '궁(kung)' 소리를 띈다는 것을 인식했으며, 이 소리는 중국 음악에서 '거대한 소리'로 불린다고 라이스 교수는 말한다. 그리고 이 소리는 자연 과학자들이 자연의 소리라고 여긴 'F'음과 『물리학의 원리』에서 말하길, 이 소리는 피아노의 중간 F음이라고 말하며, 아마도 자연의 주음일 것이라고 생각했다.

97. 일명 '홍모파(Red Caps)'로 불리는 '둑파(Dugpas)'는 티베트 서부와 부탄에 거주하고 있는 탄트라 종파로, 흑마술에 통달해 있다고 알려져 있다. 슐라킨트바이트 같은 동양 학자들이 티베트의 국경 지대를 직접 찾아갔는데도, 둑파의 혐오스러운 의식과 관습을 '황모(Yellow Caps)', 즉 동부 라마승들 및 그들의 제자와 성자들의 신앙과 혼동하는 것은 안타까운 일이다.

98. '도르제'는 산스크리트어로 '바즈라(Vajra)'라고 하며, 인간을 보호하는 신들-티베트어로는 드락쉐드(dragshed)-이 가지고 있는 무기의 일종으로서, 화학에서 오존이 그렇듯이 공기를 정화시킴으로써 사악한 영향력들을 물리치는 오컬트적인 힘이 있다고 한다. 그것은 또한 '무드라(Mudra)' 즉, 명상을 할 때 이용되는 자세이기도 하다. 좌선의 자세이건, 부적이건 그것은 보이지 않는 사악한 영향력들을 압도하는 힘의 상징이다.
그러나 둑파(Dugpa)는 이 상징을 흑마술에 오용했다. 황모파(Yellow Caps)나 갤룩파(Gelugpas)에서는 그것을 기독교의 십자가처럼 미신적인 상징이 아닌 힘의 상징으로 사용한다. 둑파에서는 그것이 흑마술의 표식인 두 겹의 역삼각형과 비슷하다.

99. '비라가(Viraga)'는 객관적 우주, 쾌락, 그리고 고통에 대한 절대적인 무관심이다. '구역질(Disgust)'이라는 말은 그 의미를 정확히 나타내지 못하지만 비슷하다. 아마도 '무심(dispassion)'이라는 말이 가장 정확한 의미인 것 같다.

100. 아함카라(Ahamkara)는 '나(I)' 혹은 '나임(I-am-ness)'이라는 개성의 느낌이다.

101. 타타가타(Tathagata)의 의미는 '앞서간 전임자들의 길을 걷는 자'이다.

102. 삼브리티(Samvriti)는 두 가지 진리 중 하나로, 만물의 공허함 또는 무상함을 나타내는 하나인데 여기서는 상대적인 진리이다. 대승불교는 두 가지 진리-사티야(Satya)-를 가르친다. 즉 파라마르타사티야(Paramarthasatya)와 삼브리티사티야(Samvri-tisatya)로, 이것이 마디야미카 학파(madhyamikas)와 요가차라 학파(Yogacharas)간의 논쟁의 쟁점이 되고 있다.
모든 사물은 이전의 원인에 의해 혹은 인과관계에 의해 존재한다는 것을 전자는 부정하는 반면, 후자는 인정한다. 마디야미카 학파는 객관적 우주에서나 주관적 우주 및 사고의 세계에서 만물을 '파리칼피타(Parikalpita)', 즉 환상이며 착각이라고 부르는 허무주의자들인 반면에, 요가차라 학파는 유심론자들이다. 따라서 상대적 진리로서의 '삼브리티'는 모든 환상의 근원이다.

103. 라마인(Lhamayin)은 인간에게 적대적인 사악한 정령들이다.

104. 상위 자아(Higher Ego) 혹은 사고하는 자아.

105. '그냐나 마르가(Jnana Marga)'는 글자 그대로 '그냐나의 길(Path of Jnana)'이다. 혹은 순수 지식의 길(Path of pure knowledge), 파라마르타(Paramartha)의 길 혹은 '자명한 (self-evident) 혹은 자기 분석하는(self-analysing) 반영'의 길이다.

106. 금강혼(Diamond-Soul) 혹은 '바즈라다라(Vajradhara)'는 디야니 붓다들을 주재한다.

107. 『바가바드 기타』 6장 19절.

108. 새로 탄생한 모든 부처는 인류의 구원을 위해 일하는 사람들의 군대에 새로운 전사라고 하는 비유는 동양에서는 잘 알려진 것이다. 니르마나카야(화신불)의 교의를 가르치는 북방 불교국에서는 모든 새로운 보살이나 비전을 받은 위대한 초인은 '인류의 구원자'라고 불린다. 『티베트 불교(Buddhism in Tibet)』를 쓴 슐라긴트바이트의 말처럼, 니르마나카야 혹은 프룰파이 쿠(Prulpai Ku)는 붓다나 보살들이 인간을 가르치기 위해 세상에 출현할 때 입는 몸(body)이라는 진술은 터무니없이 부정확하고 아무 것도 설명하지 못한다.

109. 수련의 시련을 거치는 동안에 제거한 인간의 욕정이나 죄악들은 신성한 씨앗 혹은 초월의 덕이 싹트는 비옥한 토양 역할을 하게 된다. 선천적 미덕이나 재능들은 이미 전생에서 취득한 것들이라고 여겨진다. 천재성은 예외 없이 또 다른 생에서 계발된 재능이다.

110. 티티크샤(Titiksha)는 라자요가의 다섯 번째 단계로 지고의 무관심의 상태 중 하나이며, 필요하다면 만물의 고통과 쾌락에 따르는 상태이다. 하지만 결코 그러한 굴복으로부터 쾌락이나 고통을 얻는 것이 아닌 상태이다. 다시 말해서, 고통이나 쾌락에 대해서 육체적 · 정신적 · 도덕적으로 무관심하고 무감각해지게 되는 것이다.

111. 소와니(Sowanee)는 소완(Sowan), 즉 디야나의 첫 번째 길에 들어선 자로, 스로타

파티(srotapatti)라고도 한다.

112. 영겁은 현현기간(만반타라) 전체를 말한다.

113. 메루산은 신들의 신성한 산이다.

114. 북방 불교의 상징에 따르면, 아미타바(Amitabha) 혹은 '무한한 공간(Boundless Space)'-파라브라흐마(Parabrahma)-에는 두 보살, 즉 관세음(Kwan-shi-yin)과 지장(Tashishi)보살이 있는데, 이들은 우리가 사는 속세를 포함한 삼계에 지식의 빛을 비춤으로써 요가 수행자들을 도와주고, 그들로 하여금 평생을 구원하도록 한다고 한다. 그들이 아미타바 영역에서 고귀한 신분을 지니고 있는 것은 요가 수행자들처럼 속세에 있을 때 행한 자비 때문이라고 한다.

115. 삼계는 욕계, 아스트랄계, 영계를 말한다.

116. '수호의 장벽(Guardian Wall)'은 오랜 세월에 걸쳐서 수많은 요가 수행자들과 성자들, 초인들, 특히 니르마나카야들이 인류를 더 사악한 세력들로부터 보호하기 위해서 보이지 않게 주위에 쌓았다고 하는 보호 장벽이다.

117. 클레샤(Klesha)는 선하든, 악하든, 모든 종류의 세속적 쾌락을 좋아하는 것이다.

118. 탄하(Tanha)는 환생의 원인인 살려는 의지이다.

119. 여기서 말하는 '자비(Compassion)'는 유신론자들이 말하는 신, 신성한 사랑과 같은 의미로 보면 안 된다. 여기서의 자비는 추상적이며 초월적인 법으로, 그 성질은 절대적인 조화이지만 불화나 고통 그리고 죄에 의해 혼란에 빠진다.

120. 북방 불교에서는 위대한 아라한, 초인 및 성자들을 '부처'라고 부른다.

121. 보살은 서열상 '완전한 부처'보다 낮지만, 고결한 자기희생 때문에 세인들로부터 부처보다 더 많은 존경을 받는다.

122. '자비의 부처(Buddhas of Compassion)'는 네 번째 또는 일곱 번째 길을 지나서 아라한의 서열에 도달했으나, 열반으로 들어가지 않고 혹은 다르마카야 옷을 입고 피안으로 건너가길 거부한 보살들이다. 카르마가 허락하는 한 조금이라도 인류를 돕기 위해 그렇게 되었다. 그들은 말하자면 영(spirit)의 상태로 인간의 눈에 보이지 않게 속세에 남아서 팔정도와 같은 대법을 따르도록 감화시킴으로써 중생을 구원하는 데 공

헌한다.

그리스인들이나 가톨릭 교도들은 그들이 성인이나 수호자들에게 기도를 올리듯이, 현교적 북방 불교에서도 성자들과 같은 위대한 인물들을 경배하고 그들에게 기도를 하는 것이 관례이다. 반면에, 비교(秘教)의 가르침에서는 그런 것이 없다. 두 가르침 사이에는 큰 차이가 있어서, 현교적 가르침을 따르는 속인들은 니르마나카야의 진정한 의미를 거의 알지 못한다. 그래서 동양 학자들의 혼란과 잘못된 설명들이 있게 된 것이다. 슐라킨트바이트는 니르마나카야를 부처가 속세에 환생할 때 취하는 형상-세속적 장애물 중에서 가장 덜 숭고한 것-이라고 믿었다. 참된 의미는 다음과 같다.

부처의 세 가지 형태 혹은 형상은 아래와 같다.

1) 니르마나카야(Nirmanakaya) - 화신불
2) 삼보가카야(Sambhogakaya) - 보신불
3) 다르마카야(Dharmakaya) - 법신불

첫 번째는 인간이 초인의 모든 지식을 가지고 육체를 떠나서 아스트랄체로 나타날 때 취하는 에테르적인 형체이다. 보살은 도의 길을 걸으면서 이것을 내면에서 계발해 간다. 목적지에 도달해 그 결과를 거부하고, 속세에 초인으로 남게 된다. 그가 죽을 때 열반으로 들어가지 않고, 인류에게는 보이지 않는, 자신이 직접 짠 영광스러운 형상 속에 남아서 인류를 보호하게 된다.

삼보가카야도 마찬가지이나, '세 가지 완성'의 광채가 추가되는데, 그중의 하나가 모든 세속적 관심사를 완전히 없애는 것이다.

다르마카야는 완전한 부처로, 어떤 몸이 아니라, '이상적인 숨결'이다. 우주 의식에 융합된 의식, 혹은 어떤 속성도 없는 혼이다. 일단 다르마카야가 되면, 초인이나 부처는 모든 가능한 속세와의 인연 혹은 속세에 대한 생각을 버린다. 이와 같이 중생을 돕기 위해서 열반의 권리를 얻은 초인은 신비적인 말로 '다르마카야의 몸'을 포기한다. 그리고 삼보가카야의 위대하고 완전한 지식을 취하고, 니르마나카야 몸으로 남는 것이다. 비교(秘教)의 가르침에서는 고타마 붓다와 그의 몇몇 아라한들이 바로 이런 니르마나카야로, 중생을 위한 포기와 희생 때문에 그들보다 더 고귀한 존재는 없다고 가르친다.

123. 미얄바(Myalba)는 비교(秘教) 학파에서 말하는 '지옥'으로, 모든 지옥들 중에 가장 지독한 지옥이며, 우리들이 살고 있는 속세를 말한다. 비교의 가르침에서는 인간이 살고 있는 속세를 제외하고 어떤 처벌을 받는 장소를 인정하지 않는다. 아비치(Avichi)는 어떤 장소가 아니라 하나의 상태이다.

124. 인류를 궁극의 니르바나로 이끌 새로운 인류의 구원자가 탄생했다는 의미이다.

125. 모든 소론이나 가르침 혹은 기도문에 따르는 여러 가지 형태의 상용구 중 하나다. 예를 들면, "모든 존재들에게 평화가!(Peace to all beings!)", "살아가는 만물에 축복을!(Blessings on all that Lives!)" 등등.

소우주적인 문제 해결에서 만족하지 않고
대우주적인 관점에서 진리 추구를 하고 싶다면
신지학은 탐구해 볼만한 가치가 있다.

AT THE FEET OF THE MASTER
제 2 장 _ 스승의 발 아래서

지두 크리슈나무르티

'지두 크리슈나무르티'는 누구인가?

  알시오네(Alcyone)는 지두 크리슈나무르티(Jiddu Krishnamurti)의 어릴 적 필명이다. 그는 1895년 5월, 인도의 남부 지역에서 태어났다. 그의 아버지가 신지학회와 관련된 일을 했다고 한다. 당시 신지학회 본부가 있는 마드라스에서 어린 알시오네를 알아본 사람은 바로 C. W. 리드비터(Leadbeater)였다. 그는 신지학과 관련된 많은 글을 남겼다. 그리고 애니 베전트(Annie Besant)가 어린 알시오네의 멘토 역할을 했다고 한다.

  리드비터와 베전트는 그가 미래에 오게 될 '세계의 스승(World Teacher)'이라고 선언했다. 그리고 그 세계 스승이 오는 것을 준비하기 위해서, '동방의 별의 교단(Order of the Star in the East)'을 구성했다.

  알시오네는 이렇게 세계의 스승이 되기 위한 수련과 교육을 받으면서 성장했다. 하지만 1929년 8월, 네덜란드에서 열린 연례 모임에서 그는 별단의 교단 해체를 선언한다. 그 당시 그가 발표한 '진리는 가는 길이 없는 땅(Truth is pathless land)'이라는 선언문도 널리 알려진 단편이 되었다.

알시오네의 『스승의 발아래서』는 현재까지도 영성 분야에서 널리 알려져 있고, 많이 읽히는 고전이다. 이 책은 세상의 진리를 깨닫고자 그 길을 준비하는 사람들이 갖춰야 하는 기본 자질에 대하여 쉽게 서술한 가르침이다. 앞으로 알시오네가 서문에서도 얘기하겠지만, 이 책은 세상의 진리를 깨닫고자 하는 사람들을 준비시키기 위하여 스승께서 주신 가르침으로 그 내용이 비교적 간단하고 쉽다. 그러나 그에 따른 자질을 갖추기 위해서는 많은 노력과 실천이 필요하다는 것은 자명한 사실이다.

알시오네는 세상의 진리를 깨닫는 길을 성공적으로 가기 위해서 갖춰야 할 기본 자질을 네 가지로 제시한다. 그리고 그 하나하나를 쉬운 것에서부터 시작하여 점점 더 복잡한 것으로 확대하여 설명해 간다. 또한 이 자질들은 깨달음의 길을 걸어가면서 지속적으로 완성시켜 가야 할 자질들로서, 어느 정도 발전한 단계에서 완성하여 끝나는 것이 아니다.

또한 어떤 사람들은 『스승의 발아래서』를 작은 윤리 교과서로 생각하여 한번 읽고 지나가는 좋은 글로 생각할 수도 있다. 하지만 여기에 제시된 가르침을 시간을 갖고 차근차근 되새기면서 꾸준하게 실천하다 보면 점점 더 이해의 폭이 넓어질 것이다. 또한 분명히 어떤 확실한 결과들이 올 것이라고 믿는다.

__ 알시오네를 처음으로 발견했을 때의 일화

끝으로, 여담으로 알시오네를 발견했을 당시의 일화를 덧붙이고자 한다. 이 일화는 당시 리드비터 씨를 도와주었던 어네스트 우드(Ernest Wood)라는 분이 직접 목격하여 기고한 글에서 발췌한 것이다.

1909년, 리드비터 씨가 이탈리아에서 인도 아디야르(Adyar)로 왔다. 당시 전 세계에서 리드비터 씨한테 수많은 편지들이 날아왔다. 대부분이 오컬트적으로 도움을 요청하는 것들이었으며, 그는 흔쾌히 도와주었지만, 돈은 절대 받지 않았다.

우리는 그렇게 하루에 평균 10시간에서 12시간을 일했고, 어떤 날은 14시간까지 일하기도 했다. 오후 5시 이후에 한두 시간 정도 일을 그만하고 뱅갈만으로 수영하러 갔다. 잠시 뒤에 한 그룹의 소년들이 오기 시작했고, 우리를 보고 있었다. 잠시 후에 그들도 우리와 같이 수영하기 위해서 물로 들어왔다.

어느 날 저녁, 리드비터 씨가 수영하고 자신의 방으로 돌아오면서, 그 소년들 중에 한 명의 오라(aura)가 굉장하다고 말했다. 그래서 내가 어느 소년을 말하는 것이냐고 물었고, 그가 '크리슈나무르티'라는 이름의 소년이라고 말했다. 나는 놀랐다. 왜냐하면 그들이 저녁에 나와 스브라마니암에게 와서 학교 숙제하는 도움을 받아왔기에 그 소년을 잘 알고 있었고, 크리슈나무르티가 밝은 소년이 아니었다는 것이 분명했기 때문이다.

그 당시 리드비터 씨가 크리슈나무르티는 나중에 위대한 영적 스승이자 위대한 연설가가 될 것이라고 말했다. 그래서 내가 물었다.

"얼마나 위대한 사람이요? 애니 베전트 여사만큼 위대한 사람이요?"

그는 이렇게 대답했다.

"훨씬 더 위대한 사람이 될 겁니다."

그리고 리드비터 씨가 그런 소년을 발견했다고, 당시 해외에 있던 애니 베전트 여사에게 편지를 썼다.

알시오네가 세상에 준 최초의 선물

신체는 분명히 어리지만, 혼은 어리지 않은 어린 형제가 최초로 쓴 이 책의 서문을 쓸 수 있는 특권을 선배의 한 사람으로서 부여 받았다. 여기에 담긴 가르침은 스승께서 '알시오네'의 입문을 준비하기 위하여 그에게 내린 가르침이다. 알시오네는 기억을 더듬어서 그 가르침을 기록했다. 그 기록은 느리고 힘든 일이었다. 왜냐하면 지난 어린 시절 그의 영어는 지금에 비해서 매우 서툴렀기 때문이다.

이 책의 많은 부분은 스승께서 하신 말씀을 그대로 재생한 것이며, 그렇지 않은 부분은 스승의 생각을 제자의 말로 부연한 것이다. 스승께서 두 문장을 보충하셨고, 다른 두 부분에는 생략되었던 말이 첨가되었다. 그밖의 것은 전적으로 알시오네 자신의 것이며, 그가 세상에 준 최초의 선물이다.

스승께서 말씀하신 것이 그에게 도움이 된 것처럼, 다른 사람들에게도 이 책이 도움이 되기를 바란다. 바로 그것이 그가 이 책에서 바라는 것이다. 그러나 스승의 가르침에 따라서 그가 살아왔듯이, 그 말씀을 실천해야만 수확이 많은 것이다. 왜냐하면 이 가르침은 스승께서 말씀하신 것이기 때문이다. 만약 이 가르침을 충실히 따른다면, 독자들에게도 필자처럼 '위대한 문'이 활짝 열릴 것이고, 그가 걸은 도(道)의 길을 걷게 될 것이다.

1910년 12월

애니 베전트(Annie Besant)

문을 두드리는 사람들에게
TO THOSE WHO KNOCK

———————

비실재에서 실재로 인도하소서.
From the unreal lead me to the real.

암흑에서 빛으로 인도하소서.
From the darkness lead me to the Light.

죽음에서 불멸로 인도하소서.
From death lead me to Immortality.

배고픈 자는 손을 뻗어 음식을 먹어야 한다

이 책에 있는 가르침들은 나의 말이 아니라, 나를 가르치신 스승의 말씀이다. 그 분이 아니었더라면, 나는 아무것도 못했을 것이다. 그러나 그 분의 도움으로 나는 도(道)의 길에 발을 들여놓았다. 여러분도 같은 길로 들어서길 바라므로, 만일 여러분이 거기에 순종한다면, 스승께서 나에게 하신 말씀이 여러분에게도 도움이 될 것이다.

그 말씀이 진실이 담겨 있고 훌륭하다고 말하는 것만으로는 충분하지 않다. 성공하고자 하는 사람은 그 말씀대로 실천해야 한다. 음식을 보고 맛이 좋을 것 같다고 말로만 해서는 굶주린 자의 허기를 채울 수가 없다. 배고픈 자는 손을 뻗어 음식을 먹어야만 한다.

그러므로 스승의 말씀을 듣는 것만으로는 충분할 수가 없다. 그 말씀 한마디 한마디에 귀를 기울여 요점을 받아들이지 않거나 어떤 말씀 한 마디라도 빠뜨린다면 가르침은 영원히 상실되어 버린다. 왜냐하면 스승께서는 다시 말씀하시지 않기 때문이다.

이 길에는 네 가지 자질이 필요하다.

분별력
무욕
선행
사랑

이 네 가지 자질에 대하여 스승께서 하신 말씀을 나는 여러분들에게 전하고자 한다.

1910년
지두 크리슈나무르티

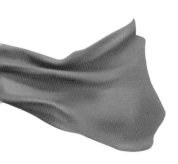

1. 마음의 문을 여는 첫 번째 가르침
-분별력

　마음의 문을 여는 자질 중 최초의 것이 분별력이다. 그리고 이것은 대개 '실재'와 '비실재'에 대한 분별력을 말하며, 이러한 분별력은 사람을 도(道)의 길로 안내한다. 그러나 이것은 단순한 분별력 이상의 의미가 있다. 이것은 도의 처음 단계에서뿐만 아니라 모든 단계에서 그리고 목표에 이를 때까지 매일매일 연마해야 하는 것이다.

　여러분은 길에 들어섰다. 왜냐하면 도(道)의 길에서만 얻을 만한 가치가 있다는 것을 배웠기 때문이다. 무지한 자는 부와 권력을 얻기 위해 노력하지만, 기껏해야 한 번의 생에 한한 것이고, 따라서 실재적인 것이 아니다. 부와 권력보다 훨씬 더 영속적인 것들이 있다. 여러분이 일단 그것을 알게 되면, 여러분은 다른 어떤 것도 원하지 않을 것이다.

세상에는 두 종류의 사람만이 있다.

'아는 자와 모르는 자.'

이 사실을 안다는 것은 중요한 것이다. 어떤 종교를 믿든지, 어떤 인종에 속해 있든지 중요하지 않다. 정말로 중요한 것은 바로 이것이다.

'신이 인간을 위해 계획을 가지고 있다는 것을 아는 것.'

신은 계획을 가지고 있고, 그 계획은 바로 진화이다. 일단 그것이 진실이라는 것을 알게 되면, 그것을 위하여 노력하고, 그것과 하나가 되려고 하지 않을 수 없다. 왜냐하면 그 계획은 너무나 영광스럽고 아름답기 그지없기 때문이다. 그래서 인간이 이 진실을 알게 되면, 신의 편에 서지 않을 수 없다. 그리하여 선(善)을 위해 노력하고, 악(惡)에 저항하며, 진화를 위해 일하고, 자기 위주의 이기적인 일을 하지 않게 된다.

만일 어떤 사람이 신의 편에 서게 되면, 그가 힌두교도이든, 불교도이든, 회교도이든, 기독교도이든 아무 상관이 없다. 또 그가 인도인이든, 영국인이든, 중국인이든, 러시아인이든 조금도 중요하지 않다. 신의 편에 있는 사람은 자신이 왜 여기에 있는지, 또 무엇을 해야 하는지 알아서, 그것을 하려고 노력하게 된다.

무지한 사람들은 아직도 그들이 무엇을 해야 하는지 모른다. 그래서 때때로 우매한 짓을 하고, 자신들뿐만 아니라 다른 사람들도 즐겁게 해줄 것이라고 생각되는 방법들을 만들어 낸다. 그러나 그들은 "모두 다 하나이며, '유일자'가 원하는 것만이 모든 사람들을 기쁘게 해줄 수 있다"는 것을 이해하지 못한다. 그들은 실재적인 것을 외면하고, 비실재적인 것을 추구한다. 그들이 이 두 가지를 분별할 때까지, 그들은 신의 편에 서지 못한다. 그래서 분별력을 갖는 것이 제1단계이다.

그러나 여러분들이 선택을 했다 할지라도, '실재적인 것'과 '비실재적인 것'에는 다양한 종류가 있다는 것을 명심해야 한다. 바른 것과 그른 것, 중요한 것과 중요하지 않은 것, 유용한 것과 무용한 것, 진실한 것과 거짓된 것, 이기적인 것과 비이기적인 것들을 분별할 줄 알아야 한다.

바른 것과 그른 것을 분별하는 것은 어렵지 않다. 왜냐하면 스승을 따르고자 하는 사람은 모든 희생을 감수하고서라도 바른 것을 선택하기로 결정했기 때문이다. 그러나 육체와 인간은 둘이며, 인간의 의지는 항상 육체가 원하는 것과 같지 않다. 육체가 어떤 것을 원할 때, 멈춰 서서 그대가 진실로 그것을 원하는지 생각하라. 왜냐하면 여러분은 신이기 때문이다.

그래서 여러분은 신이 의도하는 것만을 바라게 될 것이다. 그러나 여러분은 자신을 깊이 파고 들어가 자신의 내면 속에 있는 신을 발견하고, 자신의 목소리인 신의 목소리에 귀를 기울여야 한다.

자신의 육체가 자기 자신이라고 착각하지 마라. 육체도, 아스트랄체도, 멘탈체도 모두가 자기 자신이 아니다. 이들 각 체는 자신들이 원하는 것을 얻기 위해서 모두 자기 자신인 척한다.

그러나 여러분은 그것들 모두를 알아야 하고, 여러분 자신이 그 여러 체들의 주인이라는 것을 알아야 한다.

해야 할 일이 있을 때, 육체는 쉬고 싶어 하고, 산책하러 나가고 싶어 하며, 먹고 마시고 싶어 한다. 그리고 무지한 자는 자신에게 이렇게 말한다.

"나는 이런 일들을 하고 싶으며, 나는 그것을 하지 않으면 안 된다."

그러나 아는 자는 이렇게 말한다.

"그것을 원하는 것은 내가 아니며, 그것들은 좀 더 기다려야 한다."

때때로 누군가를 도울 기회가 있을 때, 육체는 이렇게 느낀다.

"내가 돕는다면 많은 성가신 일들이 있을 거야. 누군가 다른 사람이 하도록 내버려 두자."

그러나 진짜 자기 자신은 육체에게 이렇게 말한다.

"너는 내가 선행하는 것을 방해하지 못할 것이다."

육체는 여러분 자신의 가축이다. 즉 여러분이 타고 있는 말(馬)이다. 그러므로 여러분은 자신이라고 생각하는 육체를 잘 다루고 보살펴야 한다.

이 육체를 과로시키면 안 되고, 깨끗한 음식과 음료만을 먹여야 한다. 또 언제나 청결히 해서 아주 작은 티끌 하나도 있게 해서는 안 된다. 왜냐하면 완전히 청결하고 건강한 육체 없이는 힘든 준비 작업을 할 수 없으며, 부단히 계속되는 긴장을 견딜 수가 없기 때문이다.

그러나 이 육체를 통제하는 것은 언제나 여러분 자신이지, 육체가 여러분을 통제해서는 안 된다.

_ 자기 자신이 진짜 원하는 것을 분별해야 한다

아스트랄체도 자기 나름대로의 욕구를 가지고 있으며, 그것도 수십 가지이다. 그것은 여러분 자신이 성내길 원하고 모진 말을 하길 바라며, 질투를 느끼길 원하고, 금전에 탐욕을 내길 바라며, 다른 사람의 소유물을 부러워하길 원하고, 여러분을 우울하게 만들길 원한다. 아스트랄체는 이런 모든 것을 원하며 더 많은 것들을 바란다.

그런데 이것은 여러분을 해치고자 하는 것이 아니라, 격렬한 진동을 원하고, 그 진동을 계속 변화시키길 원하기 때문이다. 그러나 여러분은 이런 모든 것을 바라지 않으므로, 진짜 자신이 원하는 것과 여러분의 몸이 원하는 것을 분별해야 한다.

여러분의 멘탈체는 자신을 자랑스럽게 따로 분리해서 생각하기를 원한다. 그리고 자신을 높이 평가하고 타인을 우습게 업신여기길 원한다. 비록 세속적인 일로부터 생각을 돌렸을지라도, 멘탈체는 자신을 위하여 계산하고, 스승의 일이나 다른 사람들 일을 돕는 대신 여러분 자신의 진보를 생각하도록 만들려고 한다.

여러분이 명상할 때, 멘탈체는 여러분 자신이 원하는 한 가지 일 대신에 멘탈체가 원하는 많은 다른 일들을 생각하도록 만들려고 한다. 여러분 자신은 이러한 정신이 아니다. 그것은 여러분들이 이용해야 할 여러분들의 소유물이다. 그러므로 여기서도 분별력이 필요하다. 만일 여러분이 끊임없이 주의하지 않으면 실패하게 될 것이다.

오컬티즘에서는 정의와 불의 사이에 타협하지 않는다. 어떠한 대가를 치르더라도, 또한 무지한 사람들이 뭐라고 해도 개의치 말고, 바르면 해야 하고 그르면 하지 말아야 한다. 여러분은 대자연의 숨겨진 법칙들을 연구해서 그것들을 알고 나면, 언제나 이성과 상식을 가지고 자신의 삶을 그 법칙에 따라 정돈해야 한다.

여러분은 중요한 것과 중요하지 않은 것을 구별할 줄 알아야 한다. 바른 것과 그른 것이 관련된 일에서는 바위처럼 굳세어야 하고, 중요하지 않은 다른 일에서는 언제나 타인에게 양보하고 따라 주어야 한다.

왜냐하면 여러분은 언제나 점잖고 친절해야 하고, 사려 깊고 남을 받아들일 줄 알아야 하며, 그대 자신에게 필요한 만큼의 충분한 자유를 다른 사람들에게도 주어야 하기 때문이다.

_ 남을 돕고 싶더라도 무지하면
 선보다 해악을 더 끼칠 수 있다

　무엇이 해야 할 가치가 있는지 알 수 있도록 항상 노력하라. 그리고 사물의 크기에 따라 그 가치를 판단해서는 안 된다는 것을 명심하라. 세상에서 좋은 것이라고 말하는 아주 큰 것보다, 스승이 하는 일에 직접적으로 유용한 작은 것이 훨씬 더 가치가 있다.

　여러분은 유용한 것과 무용한 것을 분별해야 할뿐만 아니라 더 유용한 것과 덜 유용한 것도 분별해야 한다. 가난한 사람을 먹이는 것은 훌륭하고 고상하며 유익한 일이지만, 그들의 혼을 살찌게 하는 일은 그들의 육체를 살찌게 하는 것보다 더욱 더 고귀하고 유익한 일이다.

　부유한 사람은 누구나 육체를 부양할 수 있으나, 혼을 살찌게 할 수 있는 것은 아는 사람만이 할 수 있다. 만일 여러분이 안다면, 모르고 있는 다른 사람들이 알도록 돕는 것이 여러분의 의무이다.

　여러분이 아무리 현명하다 할지라도, 도(道)에서는 배울 것이 훨씬 많다. 배울 것이 너무 많기 때문에, 여기서도 분별력이 있어야 한다. 무엇이 배울 가치가 있는지 신중하게 생각해야 한다. 물론 모든 지식이 다 유익하며, 언젠가는 모든 지식을 갖게 될 것이다. 그러나 일부분의 지식을 가지고 있는 동안에는 가장 유익한 부분인지 아닌지 유의해야 한다.

신은 지혜이며 사랑이다. 그리고 더 많은 지혜를 가지면 가질수록, 신에 대하여 더 확실하게 말할 수 있다. 그러므로 배워라. 그러나 우선 다른 사람을 돕는데 가장 도움이 되는 것부터 배워라. 끈기 있게 공부해라.

사람들이 여러분을 현명하다고 생각하도록 하기 위해서 공부를 하지 말며, 현명하다는 행복감을 갖기 위해서 공부하지 마라. 왜냐하면 오직 지혜 있는 사람만이 현명하게 도움을 줄 수 있기 때문에 배워야 한다는 것이다. 아무리 많은 도움을 주고 싶더라도, 무지하면 선보다 해를 더 많이 줄 수 있다.

여러분은 진실과 허위를 분별해야 한다. 생각과 언행을 항상 진실되게 하는 것을 배워야 한다.

우선 생각을 진실되게 하라. 그것은 쉽지 않다. 왜냐하면 세상에는 진실하지 않은 사상이 많고, 우매한 미신이 많기 때문이다. 그런 잘못된 생각에 사로잡힌 사람은 진보를 이룰 수 없다.

단지 많은 사람들이 이러한 생각을 가지고 있다 해서 혹은 수 세기 동안 믿어 온 것이기 때문에 또는 사람들이 신성시하는 책에 쓰여 있다는 이유만으로, 어떤 사상을 그대로 받아들이고 고집하지 마라. 여러분 자신이 그 일을 생각하고, 그것이 합리적인지 아닌지 스스로 판단해야 한다.

비록 천 명의 사람이 어떤 문제에 합의한다 할지라도, 그들이 그 주제에 대해서 아무것도 모른다면, 그들의 의견은 아무런 가치가 없다. 도의 길을 가고자 하는 사람은 스스로 생각하는 법을 배워야 한다. 왜냐하면 미신은 세상에서 가장 큰 악들 중 하나이며, 여러분 자신을 해방시켜야 할 구속 중 하나이다.

_ 있는 그대로의 자기 자신 이외에
결코 다른 사람인 것처럼 행동하지 마라

다른 사람들에 대한 여러분의 생각은 진실해야 한다. 여러분이 그들의 일에 대해서 모르면, 생각하지 마라. 그들이 언제나 여러분을 생각하고 있다고 생각하지 마라. 만일 어떤 사람이 여러분을 해롭게 하는 일을 하거나, 여러분에게 해당된다고 생각되는 어떤 말을 하더라도, 곧바로 다음과 같이 생각하지 마라.

"그가 나에게 해를 주려고 했다."

십중팔구 그 사람은 여러분을 전혀 염두에 두지 않았을 것이다.

왜냐하면 개개인의 혼은 그 나름대로의 문제를 가지고 있으며, 그 생각은 주로 자기 주변을 맴돌고 있기 때문이다. 만일 어떤 사람이 여러분에게 화내며 말하더라도, "그 사람이 나를 미워해서 해하려 한다"고 생각하지 마라. 어쩌면 다른 사람이나 어떤 일이 그를 화나게 만들었고, 그때 우연히 여러분을 만났기 때문에 그 화가 여러분에게 돌아갔을 것이다. 그는 어리석게 행동하고 있는 것이다. 왜냐하면 모든 분노는 바보 같은 일이기 때문이다. 그러나 여러분은 그렇다고 해서 그 사람을 진실하지 않게 생각해서는 안 된다.

여러분이 스승의 제자가 되면, 여러분은 자신의 생각을 스승의 생각과 견주어 봄으로써 항상 자신의 생각의 진실성을 시험해야 한다. 왜냐하면 제자는 스승과 하나이며, 자신의 생각과 스승의 생각이 일치하는지 맞추어 보기만 하면 되기 때문이다. 만일 일치하지 않으면, 여러분의 생각이 틀린 생각이기 때문에 스승의 생각으로 바로 바꾸어야 한다. 왜냐하면 스승의 생각은 완전하며, 스승은 모든 것을 알고 있기 때문이다.

스승이 아직까지 받아들이지 않은 사람은 이렇게 할 수 없다. 그러나 다음과 같이 생각한다면 그들 자신에게 크게 도움이 될 것이다.

"스승께서는 이 일에 대하여 어떻게 생각하실까? 이런 상황에서 스승께서는 어떻게 말씀하시고 어떠한 행동을 하실까?"

왜냐하면 여러분이 행하거나 말하거나 생각할 때마다 스승께서 행하시거나 말씀하시거나 생각하시는 것을 상상해야 하기 때문이다. 여러분은 말할 때도 정확하고 과장 없이 진실하게 말해야 한다.

절대로 어떤 동기를 다른 사람의 탓으로 돌리지 마라. 단지 스승만이 그의 생각을 알고 있다. 그리고 그는 여러분이 결코 생각할 수 없는 이유 때문에 그렇게 행동하고 있을지도 모른다. 만일 여러분이 어떤 사람에 대해서 좋지 않은 이야기를 들었다 할지라도, 그 말을 다른 사람에게 옮겨서는 안 된다. 그 이야기는 사실이 아닐지도 모르고, 비록 그것이 사실이라 할지라도, 아무 말을 하지 않는 편이 더 친절한 것이다. 틀린 말을 하지 않도록, 말하기 전에 잘 생각하라.

행동에서도 진실을 담아서 하라. 있는 그대로의 자기 자신 이외에 결코 다른 사람인 것처럼 행동하지 마라. 왜냐하면 마치 태양빛이 맑은 유리를 통해서 반짝이듯이, 진실이라는 순수한 빛은 여러분을 통해서 빛나기 때문이다.

모든 가식은 진실의 순수한 빛을 가리는 장애물이다.

여러분은 이기적인 것과 비이기적인 것을 분별해야 한다. 왜냐하면 이기심에는 여러 가지 형태가 있으며, 한 가지 형태의 이기심을 말살했다고 생각할 때, 이기심은 다른 형태로 더욱더 강하게 일어나기 때문이다. 그러나 점차로 여러분은 다른 사람을 도우려는 생각으로 충만할 것이기 때문에, 사적인 것에 대해서 생각할 시간과 여유가 없게 될 것이다.

　여러분은 또한 다른 방면에서도 분별할 수 있어야 한다. 표면상으로는 아무리 악하게 보일지라도, 모든 사람과 사물들 속에 내재하고 있는 '신(神)'을 알아 볼 수 있도록 배워라. 여러분은 여러분의 형제와 공통으로 가지고 있는 그것을 통해서 도울 수 있으며, 그것이 바로 '신성한 생명'이다. 그 속에 있는 '신성한 생명'을 일깨우는 방법을 배우고, 그 속에 있는 신의 생명에게 호소할 수 있는 방법을 배워라. 그리하면 여러분의 형제들을 과오로부터 구하게 될 것이다.

육체적 죽음 이후에 어떻게 되는지
확실히 알 수 있다면,
삶을 살아가는 동안
그것보다 더 위안이 되는 일은 없을 것이다.

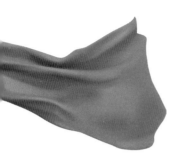

2. 마음의 문을 여는 두 번째 가르침
-무욕

무욕(無慾)이라는 자질을 갖추기 어려운 사람들이 많이 있다. 왜냐하면 그들은 욕망이 그들의 진짜 자신이라고 생각하기 때문이다. 만일 그들 자신의 특유한 욕망이나 기호를 없애 버린다면, 그들 자신은 아무것도 남는 것이 없다고 생각한다.

그러나 이런 사람들은 아직 스승을 만나 보지 못한 사람들이다. 스승의 거룩한 존재의 빛을 받으면, 스승과 같은 사람이 되고자 하는 욕망을 제외하고는 다른 모든 욕망이 사라지게 된다. 그러나 여러분은 스승을 직접 대면하는 행복을 갖기 전이라도, 만약 무욕이라는 자질을 가지려는 의지가 있다면, 그것을 얻을 수 있다.

앞의 분별력에서 말한 바 있듯이, 여러분은 대부분의 사람들이 원하고 있는 부나 권력 등은 가치가 없다는 것을 안다. 말로만 하는 것이 아니라, 절실하게 느낄 때, 모든 욕망은 사라진다.

지금까지 말한 것은 모두 단순하다. 여러분은 그것을 이해하기만 하면 된다. 그러나 천국을 얻기 위해서 혹은 윤회로부터 개인적인 자유를 얻기 위해서 세속적인 목표를 추구하는 사람들도 있다. 여러분은 이런 실수를 범하지 말아야 한다.

만약 여러분이 자신을 전적으로 망각했다면, 자신이 자유로워진다거나, 어떤 천국에 갈 것인가 등에 대해서는 생각할 리가 없다. 명심하라. 모든 이기적인 욕망은 그 목표가 아무리 높은 것일지라도 자신을 속박한다는 것과, 그것을 없애기 전까지 그 사람은 스승의 일에 완전히 자유롭게 헌신할 수 없다는 것을.

모든 이기적인 욕망이 사라졌다 할지라도, 자기가 한 일에 대한 결과를 보고자 하는 욕망이 남아 있을 수 있다. 여러분이 누군가를 돕는다면, 자신이 그를 얼마나 쓸모 있게 도와주었는지 알고 싶을 것이다. 아마도 여러분은 도움을 받은 사람이 그것을 알아주길 바라고, 감사하게 여기길 바랄 것이다. 그러나 심지어 그것도 욕망이며, 또한 신뢰의 결여이다.

여러분이 돕는데 힘을 쏟는다면, 여러분이 알든 모르든 반드시 결과가 있을 것이다. 만일 여러분이 '법'을 안다면, 반드시 그러한 결과가 있다는 것을 알 것이다. 그러므로 여러분은 정의를 위해서 바르게 행동해야지, 보답을 기대하고 행동해서는 안 된다. 즉, 일 자체를 위해서 일을 해야지, 결과를 보기 위해서 일을 해서는 안 된다. 여러분은 세상을 위한 봉사에 자신을 바쳐야 한다. 왜냐하면 여러분은 세상을 사랑하고 헌신하지 않을 수 없기 때문이다.

_ 영적인 힘을 억지로 가지면 자만심이 생긴다

영적인 능력을 바라지 마라. 여러분이 그 능력을 가지는 것이 좋다고 스승께서 생각하신다면, 그런 능력은 자연스럽게 생길 것이다. 너무 일찍 그런 힘을 억지로 가지게 되면, 장애가 되는 많은 문제들이 생긴다.

때때로 이런 힘의 소유자는 기만적인 '자연령'에게 끌려 다니거나, 자만심이 생겨서 자신은 실수를 범할 수가 없다고 생각하게 된다. 그리고 그러한 능력을 얻는데 쓸 수 있는 시간과 힘을 다른 선한 일을 위하여 쓸 수도 있다.

영적인 능력은 발전해 감에 따라 자연히 생기게 되며, 당연히 생겨야 한다. 만약 스승께서 보시기에 여러분이 그런 능력을 가지고 있으면 유용할 것이라고 생각하신다면, 스승께서 그런 능력을 안전하게 계발하는 방법을 일러주실 것이다. 그때까지 여러분은 영적 능력을 갖지 않고 일하는 것이 더 좋다.

또한 여러분은 일상생활에서 흔히 생겨나는 사소한 욕망들도 경계해야 한다. 절대로 돋보이거나 현명해 보이려고 하지 마라. 말하려는 욕망을 갖지 마라. 말을 적게 하는 것이 좋다. 자신이 말하고자 하는 것이 분명히 진실하고 친절하며 도움이 된다는 확신이 없다면, 아무 말도 하지 않는 것이 더욱 좋다.

말하기 전에 자신이 말하고자 하는 것이 여기서 말하는 세 가지 특질을 가지고 있는지 잘 생각해 보고 말하라. 만일 그런 특질을 가지고 있지 않다면, 말하지 마라.

지금이라도 말하기 전에 잘 생각하는 습관을 기르는 것이 좋다. 왜냐하면 여러분이 입문하게 되면, 말해서는 안 될 말을 하지 않도록 말 한마디, 한마디에 주의해야 하기 때문이다. 일반적인 말들 대부분은 불필요하며, 우매한 말들이다. 그것이 험담일 경우에는 사악한 것이다.

그러므로 말하기보다는 경청하는 습관을 길러라. 직접 의견을 묻지 않는다면, 의견을 제시하지 마라. 그러므로 네 가지 자질은 다음과 같다.

"지성, 용기, 의지 그리고 침묵."

그리고 이들 네 가지 중 마지막 침묵을 지키는 것이 가장 어려운 것이다.

또 한 가지 흔히 생기는 욕망 중에 엄격하게 억제해야 할 것은 남의 일에 간섭하는 것이다. 다른 사람이 무엇을 하거나, 어떤 것을 믿거나 말하거나 하는 것은 여러분의 일이 아니며, 여러분은 그 사람이 하는 대로 내버려 두는 것을 배워야 한다. 그 사람이 타인을 방해하지 않는 한, 그는 자유롭게 생각하고 말하며 행동할 완전한 권리가 있다.

여러분은 자기 자신이 생각하기에 옳다고 생각하는 일을 할 자유가 있다고 주장한다. 그와 같은 자유를 타인에게도 허용해야 한다. 그리고 그가 그런 자유를 행사하고 있을 때, 여러분은 그것에 대해서 말할 권리가 없는 것이다.

만약 어떤 사람의 행동이 틀렸다고 생각한다면, 기회를 엿보아 매우 정중하게 왜 그렇게 생각하는지 말하라. 그러면 여러분은 그를 납득시킬 수도 있을 것이다. 그러나 비록 그렇게 하더라도 부적절한 간섭이 되는 경우가 많이 있다. 어떤 이유로도 여러분은 그것을 제삼자에게 말해서는 안 된다. 왜냐하면 그 같은 행동은 매우 사악한 행동이기 때문이다.

  만약 어린아이나 동물에게 잔인한 학대를 가하는 경우를 본다면, 그것을 못하도록 막는 것이 여러분의 의무이다. 만약 어떤 사람이 법을 어기는 것을 여러분이 보았다면, 신고를 해야 한다. 만약 여러분이 누군가를 가르치는 위치에 있다면, 그 사람의 잘못한 점을 부드럽게 말해주는 것이 여러분의 의무가 될 것이다. 그런 경우 이외에는 자신의 일에 전념하고, 침묵의 미덕을 배워야 한다.

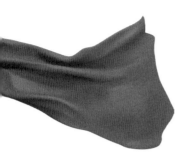

3. 마음의 문을 여는 세 번째 가르침
-선행

스승께서 가르쳐 주신, 행동에 특별히 필요한 여섯 가지 자질들은 다음과 같다.

　　정신에 대한 자기 통제
　　행동에 대한 자기 통제
　　관대함
　　명랑함
　　일점 지향성
　　확신감

이들 중 일부는 앞에서 말한 자질들과 마찬가지로 때때로 다르게 번역되어 설명하고 있다. 그러나 모든 경우, 필자는 스승께서 본인에게 설명하실 때 사용한 명칭들을 그대로 쓰고 있다.

_ 정신에 대한 자기 통제

'무욕'이라는 자질은 아스트랄체를 제어하지 않으면 안 된다는 것을 보여준다. 이것은 또한 멘탈체에도 마찬가지다. 성질을 제어해서 어떤 분노나 초조를 느끼지 않는 것이다. 정신을 통제해서 생각이 언제나 차분하고 침착하도록 하는 것이다. 정신을 통하여 신경의 흥분을 자제하면, 신경의 혼란을 최소한으로 줄일 것이다.

신경의 안정은 매우 어렵다. 길을 준비할 때, 신체가 더욱 민감해져서 소리나 충격에 신경들이 쉽게 교란되며, 어떤 작은 압력에도 예민하게 느끼기 때문이다. 그렇지만 여러분은 최선을 다해야 한다.

침착한 마음은 또한 용기를 뜻하므로, 여러분은 도의 길에서 시련이나 곤란을 두려움 없이 넘길 수가 있다. 그것은 또한 침착함이 시종일관 하다는 것을 의미하므로, 인생에서 일어나는 모든 문제들을 쉽게 다룰 수가 있다. 많은 사람들이 끊임없이 발생하는 사소한 걱정거리에 대부분의 시간을 낭비하지만, 여러분은 그것을 피할 수 있다.

어떤 사람에게 외부로부터 생기는 일, 즉 슬픔이나 사고, 질병이나 상실 등, 이런 일들은 아무것도 중요한 것이 아니다. 또한 이런 일 때문에 마음의 침착함이 영향을 받아서는 안 된다고 스승께서 가르치셨다. 이런 일들은 과거 행위의 결과이다. 그러므로 그런 일들이 닥치면, 여러분은 그것을 기쁘게 받아들여야 한다. 뿐만 아니라, 모든 악은 일시적이며 여러분의 의무는 언제나 즐겁게 평정을 유지해야 한다는 것을 명심해야 한다.

이러한 슬픔이나 고난은 여러분의 과거 생에 속한 것이지, 현재 생에 속한 것이 아니다. 여러분은 그것을 바꿀 수 없으며, 그것 때문에 고민하는 것은 무익한 일이다. 그것보다 현재 여러분이 하고 있는 일을 생각하라. 그것은 미래 생의 일을 만드는 것이며, 지금 하고 있는 것은 얼마든지 바꿀 수가 있다.

결코 슬픔이나 우울함을 느끼지 않도록 하라. 우울함은 잘못된 일이다. 왜냐하면 우울함은 다른 사람들에게도 영향을 주고, 그들의 생활을 어렵게 만들기 때문이다. 여러분은 그렇게 할 권리가 없다. 그러므로 만약 그런 기분이 생기면, 즉시 떨쳐 버려야 한다.

또한 여러분은 생각을 통제해야 한다. 여러분의 생각이 산만하지 않도록 하라. 무슨 일을 하더라도 그 일을 완벽하게 하기 위해서 모든 생각을 그것에 집중시켜라. 정신이 태만하지 않도록 하고, 항상 좋은 생각을 마음속에 갖고, 마음이 자유스러울 때에는 언제든지 좋은 생각이 떠오르도록 하라.

여러분의 '생각의 힘'을 매일매일 선한 목적을 위하여 사용하라. 진화해 가는 방향의 힘이 되도록 해라. 매일매일 슬퍼하거나 고통받거나 도움이 필요한 사람을 생각해서, 그들에게 사랑의 생각을 쏟아 부어라.

자만심을 억제하라. 왜냐하면 자만심은 오직 무지에서만 생겨나기 때문이다. 무지한 사람은 자신이 위대하다고 생각하며, 이런 저런 대단한 일을 했다고 생각한다. 현명한 사람은 신(神)만이 위대하다는 것을 알며, 모든 좋은 일은 신만이 하신다는 것을 안다.

_ 행동에 대한 자기 통제

만약 여러분의 생각이 바르다면, 여러분은 행동에 거의 아무런 문제가 없을 것이다. 그러나 인류에게 도움을 주려면, 행동에 생각이 따라야 한다는 것을 명심하라. 게을러서는 안 되며, 언제나 선한 일을 행동으로 옮겨야 한다는 것을 명심하라.

그러나 여러분이 할 일은 여러분 자신의 의무이지, 다른 사람의 의무가 아니다. 타인의 허락을 받아서 그 사람을 도울 때만 그 사람 일을 할 수 있는 것이다. 모든 사람이 자기 나름대로 자신의 일을 하도록 내버려 두어라.

필요하다면 항상 도울 준비를 하고 기다리고 있으되, 간섭해서는 안 된다.

대부분의 사람들이 세상에서 배워야 할 가장 어려운 일은 자기 자신의 일에 신경 쓰고, 남의 일에 간섭하지 않는 것이다. 이것이야말로 여러분이 해야 할 일이다.

여러분이 더 고차원의 일을 한다고 해서 일상적인 일을 잊어서는 안 된다. 일상적인 일을 소홀히 한다면, 여러분은 다른 일에 봉사할 수 있는 자유가 없다. 여러분은 새로운 세속적 의무를 맡아서는 안 된다. 그러나 이미 맡고 있는 일들을 완벽하게 완수해야 한다.

여러분이 맡고 있는 일들은 여러분 자신이 인정하는 '분명하고 이성적인' 일이어야 하지, 다른 사람들이 여러분에게 부과하려고 하는 일이어서는 안 된다. 만약 여러분이 스승의 제자가 되길 원한다면, 일상적인 일을 타인보다 잘해야 하며 못해서는 안 된다. 왜냐하면 여러분은 스승을 위해서 그 일을 해야 하기 때문이다.

_관대함

여러분은 누구에게나 완전하게 관대해야 하며, 다른 종교의 교리에 대해서도 자신의 종교와 마찬가지로 깊은 관심을 가져야 한다. 왜냐하면 그들의 종교도 바로 자신의 종교와 마찬가지로 '정상'에 이르는 길이기 때문이다. 모든 사람을 돕기 위해서 여러분은 이 모든 것을 이해해야 한다.

그러나 이런 완전한 관대를 베풀기 위해서, 우선 편협과 미신에서 벗어나야 한다. 여러분은 어떤 의식(ceremony)도 필요하지 않다는 것을 배워야 한다. 그렇지 않으면, 여러분은 그런 의식들을 행하지 않는 사람들보다 자신이 좀 더 낫다고 생각하게 된다.

하지만 아직도 의식을 고집하는 사람을 비난해선 안 된다. 그들이 하고자 하는 대로 내버려 두어라. 다만, 그들이 진리를 알고 있는 당신에게 간섭하지 못하게 하라. 그들은 여러분에게 그런 의식을 강요해서는 안 된다. 여러분은 이미 그런 의식에서 벗어났다. 모든 일에 관대하고 친절하라.

이제 여러분의 눈이 열렸기 때문에, 옛날의 신조나 의식들이 터무니없게 보일지도 모른다. 아마도 진짜 터무니없는 것들이다. 비록 여러분이 그런 일에 더 이상 관여하지 않더라도, 아직도 선량한 혼들을 위해서 존중하라. 그들에게는 아직도 그런 믿음들과 의식들이 중요하다.

그것들은 그것들 나름대로의 역할과 용도가 있다. 그것들은 여러분이 어린 시절에 글씨를 쓸 때, 글씨를 자유자재로 잘 쓸 때까지 안내 역할을 해준 점선과 같은 것들이다. 여러분에게도 그런 점선이 필요한 때가 있었다. 그러나 이제 그런 때는 지나갔다.

옛날의 어떤 위대한 스승께서 말씀하셨다.

"내가 어렸을 때, 나는 어린애처럼 말하고, 어린애처럼 이해하고, 어린애처럼 생각했다. 그러나 어른이 되자, 어린애다운 것들을 버렸다."

그러나 어린 시절을 망각하고, 어린이에 대한 동정심을 잊어버린
사람은 어린이를 가르치거나 도와줄 수 없는 사람이다. 그러므로 모
든 것을 자상하고 다정하며 너그럽게 보아라. 불교를 믿는 사람이
건, 힌두교를 믿는 사람이건, 배화교를 믿는 사람이건 혹은 기독교
나 회교를 믿는 사람이건, 모든 사람들에게 똑같이 대하라.

_ 명랑함

여러분은 자신의 카르마를 기쁘게 받아들여야 한다. 그것이 어떤
일이건, 자신에게 닥치는 고난을 명예로 여기며 참아 넘겨야 한다.
왜냐하면 그것은 '카르마의 주(Lords of Karma)'가 여러분은 도울만한
가치가 있는 사람이라는 것을 보여 주는 것이기 때문이다.

아무리 힘들더라도 그 고난이 더 심하지 않다는 것에 감사하라.
여러분이 나쁜 카르마를 다 소진해서 자유로워질 때까지, 여러분은
스승께 별다른 도움이 안 된다는 것을 명심하라. 스승에게 헌신함으
로써, 여러분은 카르마를 소진하는 데 백 생이 걸릴 수도 있는 것을
한두 생 사이에 다하도록 호소하는 것이다. 그러나 카르마에서 가장

잘 벗어나기 위해서는 그것을 기쁜 마음으로 감사하며 감수하는 것이다.

　또 한 가지 중요한 점은 당신이 가지고 있는 '소유에 대한 감정'을 모두 버려야 한다는 것이다. 카르마는 여러분이 가장 좋아하는 것, 비록 그것이 가장 사랑하는 사람일지라도, 그것을 빼앗아 버릴 수도 있다. 비록 그렇다 할지라도, 여러분은 언제든지 버릴 각오를 해야 하며, 기꺼이 무엇이든지 버릴 준비를 해야 한다.

　때때로 스승은 그의 제자를 통해서 스승의 힘을 쏟아 부을 때가 있다. 그러나 제자가 우울하면, 그런 일을 할 수가 없다. 그러므로 명랑함을 유지하는 것은 '바람직한 행동'을 위한 규칙이 된다.

_ 일점 지향성

　여러분이 자신 앞에 정해 놓아야 할 한 가지 일은, 스승의 일을 해야 한다는 것이다. 해야 할 그 어떤 일이 여러분을 가로막는다 할지라도, 스승의 일만은 결코 잊어서는 안 된다. 그러나 아무것도 여러분을 막지는 못할 것이다. 왜냐하면 모든 유익하고 이타적인 일은 스승의 일이며, 여러분은 스승을 위해서 그 일을 해야 하기 때문이다. 그리고 여러분이 하는 일 하나하나가 최고의 일이 될 수 있도록 모든 세심한 주의를 집중해야 한다.

앞에서 말한 옛 위대한 스승은 다음과 같이 썼다.

"그대가 하는 일이 무엇이든, 그것을 할 때는 사람에게 하는 것처럼 하지 말고, 신께 하듯이 온 마음을 다해서 행하라."

만일 스승께서 당장 와서 여러분이 하고 있는 일을 보신다면, 여러분은 그 일을 어떻게 할 것인지 생각해 보라. 바로 그런 방식으로 일을 해야 한다. 아는 사람들은 스승의 이런 말씀이 무엇을 뜻하는지 잘 알 것이다.

그리고 더 오래된 가르침이 또 하나 있다.

"너의 손이 해야 할 일을 찾았을 때, 최선을 다해서 그 일을 해야 한다."

'일점 지향성'에는 이런 뜻도 있다. 즉 여러분이 들어선 길에서 비록 일순간일지라도 그 어떤 것도 여러분의 방향을 바꾸어 놓게 해서는 안 된다는 의미다. 어떤 세속적인 유혹이나 향락 혹은 애정도 여러분을 옆길로 나가게 해서는 안 된다. 왜냐하면 여러분 자신은 길과 하나가 되어야 하기 때문이다.

길이 여러분 본성의 많은 부분을 차지했기 때문에, 여러분은 다른 어떤 생각도 거의 하지 않고, 그 길을 따라가며, 그 길에서 벗어난다는 것은 있을 수 없다. '모나드(Monad)'인 여러분 자신이 이것을 결정했다. 그 길로부터 분리된다는 것은 여러분 자신으로부터 분리된다는 것이다.

_ 확신감

여러분은 여러분의 스승을 믿어야 하고, 자기 자신을 믿어야 한다. 만일 여러분이 스승을 만난 적이 있다면, 여러분은 수많은 생과 사를 거치면서 끝까지 그분을 믿을 것이다. 비록 아직도 스승을 만나지 못했다 해도, 그분을 실감하기 위해서 한층 더 믿으려고 노력해야 한다. 왜냐하면 만일 그렇게 하지 않는다면, 스승이라 할지라도 여러분을 도와줄 수가 없기 때문이다. 만약 완전한 신뢰가 없다면, 사랑과 힘의 완전한 흐름이 이루어질 수가 없다.

여러분은 자기 자신을 믿어야 한다. 여러분은 자기 자신을 너무나 잘 알고 있다고 말할 것이다. 만일 그렇게 느낀다면, 여러분은 자신을 모르는 것이다. 여러분은 단지 흙탕물 속에 떨어진 연약한 외피만 알고 있는 것이다.

그러나 참다운 여러분은 신(God) 자신의 불꽃 중 하나이며, 전능한 신은 여러분 속에 있다. 그리고 그것 때문에 여러분이 하고자 하는 일이 있다면, 못할 일이 없다.

자신에게 이렇게 말하라.

"사람이 한 일이면, 사람이 할 수 있다. 나는 사람이고 또한 사람 속에 내재한 신이다. 나는 이 일을 할 수 있다. 그리고 할 것이다."

만일 여러분이 도의 길을 걷고자 한다면, 여러분의 의지는 담금질한 강철과 같아야 한다.

4. 마음의 문을 여는 네 번째 가르침
－사랑

모든 자질들 중에서 가장 중요한 것은 바로 '사랑'이다. 왜냐하면 사람이 충분히 강한 사랑이 있으면, 그 사랑은 다른 나머지 자질들을 갖추도록 한다. 다른 모든 자질들을 갖추었다 해도 사랑이 결여되어 있다면 그것은 충분하지 않다. 종종 이것은 생사의 윤회에서 벗어나 자유를 얻고자 하는 강한 욕망이나 신과 합일을 이루려는 강한 욕망으로 번역되기도 한다.

그러나 그런 식으로 표현한다면, 이기적인 의미로 들릴 것이고, 사랑의 의미를 부분적으로밖에 나타내지 못한다. 사랑이란 욕망이라기보다 오히려 의지, 결의 그리고 결심이다. 사랑의 결과를 만들어 내기 위해서는 이런 결의가 여러분의 심성 전체에 가득 해야 하고, 다른 감정이 끼어들 여지가 없어야 한다.

사랑은 신과 하나가 되고자 하는 의지다. 여러분의 피곤함이나 고통에서 탈출하고자 함이 아니라, 신에 대한 깊은 사랑으로 신과 더불어 신처럼 행동하고자 함이다. 신은 사랑이기에, 만약 여러분이 신과 하나가 된다면, 완전한 이타심과 사랑으로 가득 차게 될 것이다.

일상생활에서 사랑은 두 가지 의미가 있다. 첫째, 살아 있는 어떤 생물에게 해를 주지 않는다. 둘째, 항상 누군가를 도울 기회를 찾도록 한다.

첫째, 해하지 마라. 세 가지 악행이 세상의 어떤 다른 죄보다 더 해롭다. 즉, 험담, 잔인함, 그리고 미신이다. 왜냐하면 이들은 사랑에 반하는 악행이기 때문이다. 마음을 신에 대한 사랑으로 가득 채우려는 사람은 이 세 가지를 언제나 경계해야 한다.

험담이 어떤 작용을 하는지 보라. 그것은 악한 생각에서 비롯되므로, 그것 자체가 악이다. 모든 사람이나 사물에는 선이 있고, 또한 악도 있다. 우리는 그중 하나를 생각함으로써 강화할 수 있고, 진화를 촉진하거나 방해할 수도 있다. 우리는 로고스의 의지를 행하거나, 거기에 저항할 수 있다. 만일 여러분이 타인 속에 있는 악을 생각한다면, 여러분은 동시에 세 가지 악행을 하는 셈이다.

1) 여러분은 이웃 사람들을 좋은 생각 대신 악한 생각으로 채우는 것이다. 따라서 세상의 비애를 증가시키는 것이다.

2) 만일 여러분이 생각하는 그 사람 속에 악이 있다면, 여러분은 그 악을 강화하고 사육하는 것이다. 그래서 여러분은 형제를 더 좋게 하는 것이 아니라, 더 나쁘게 악화시키는 것이다. 그러나 일반적으로 악은 그 사람 속에 없고, 단지 여러분이 그런 환상을 가질 뿐이다. 그래서 그런 여러분의 악한 생각이 형제들로 하여금 나쁜 일을 하도록 유혹한다. 그가 아직 완전하지 않다면, 여러분의 생각은 그를 여러분이 생각한 것처럼 만들게 된다.

3) 여러분은 여러분의 마음을 선한 생각 대신 악한 생각으로 채운다. 그리하여 자신의 성장을 저해하고, 자신을 아름답고 사랑스러운 존재가 아닌 추악하고 곤혹스러운 존재로 만든다.

험담은 험담하는 자신과 그 대상을 해치는 것으로 만족하지 않고, 전력을 다해서 다른 사람들까지도 죄악의 공범자로 만들려고 한다. 그는 모든 사람이 그 이야기를 믿기를 바라며, 악의에 찬 이야기를 사람들에게 열심히 한다. 그러면 사람들은 그와 함께 악한 생각을 그 가련한 희생자에게 퍼붓는다.

이와 같은 일이 매일매일 일어나며, 한 사람이 아닌 수천 명이 험담을 한다. 여러분은 이것이 얼마나 저속하고 야비한 죄인지 알겠는가? 여러분은 전적으로 이런 것을 피해야 한다.

누구라도 절대로 나쁘게 말하지 마라. 어떤 사람이 다른 사람에 대해서 나쁘게 말하는 것을 듣지 말고, 부드럽게 이렇게 말하라.
"아마도 그것은 사실이 아닐지도 모른다. 그리고 비록 그것이 사실일지라도, 그렇게 말하지 않는 것이 더 친절하다."

다음은 잔인함에 대해서다. 잔인함에는 의도적인 것과 의도적이지 않는 것, 두 종류가 있다. 의도적인 잔인함은 일부러 다른 생물에게 고통을 주는 것이다. 이것은 죄악 중에서 가장 심한 것이다. 사람의 행위라기보다는 악마의 짓이다.

사람이 어떻게 그런 짓을 하겠느냐고 말하겠지만, 인간은 그런 일을 자주 해왔고, 지금도 매일매일 저지르고 있다.

종교 재판관들이 그런 짓을 했고, 많은 종교인들이 종교라는 이름을 내세워 그런 짓을 했다. 생체 해부학자들도 그렇게 하며, 많은 선생님들도 관습적으로 잔인한 짓을 한다. 이런 사람들은 그들의 잔인함을 관습 탓으로 돌리지만, 많은 사람들이 같은 죄를 범한다고 해서 죄가 아닐 수는 없다.

　카르마는 관습을 개의치 않으며, 잔인성에 대한 카르마는 모든 것 중에 가장 무서운 것이다. 적어도 인도에서는 그런 것이 관습이라는 변명으로 통하지 않는다. 왜냐하면 해치지 말아야 한다는 의무를 모든 사람들이 잘 알고 있기 때문이다. 의도적으로 신의 피조물들을 죽이고, 그것을 '스포츠'라고 말하는 자들에게 잔인한 운명은 반드시 찾아온다.

　나는 여러분이 그런 나쁜 일을 하지 않을 것이라는 것을 안다. 그리고 신의 사랑을 위하여 기회가 오면, 여러분은 그런 짓을 하는 사람들이 못하도록 분명히 말할 것이다. 그러나 잔인함은 행동 못지않게 말속에도 있다. 그리고 다른 사람에게 상처를 줄 의도로 말하는 사람은 같은 죄를 짓는 것이다.

　여러분은 그렇게 하지 않겠지만, 때로는 부주의한 말 한마디가 악의에 찬 말 한마디만큼이나 해를 끼친다. 그러므로 알지 못하는 사이에 행해지는 잔인함에 대해서 주의하지 않으면 안 된다.

그것은 주로 생각이 부족한 데서 기인한다. 사람은 욕심이나 탐욕으로 가득 차 있어서, 급여를 너무 적게 지불함으로써 다른 사람에게 주는 고통을 생각하지 않는다. 또 어떤 사람은 자신의 욕정만을 생각하고, 그것을 충족시키기 위해서 얼마나 많은 혼과 육체를 파멸시키는지 생각하지 않는다. 짧은 시간에 불과한 어려움을 피하기 위해서, 어떤 사람은 정해진 날에 임금을 지불하지 않고, 그것 때문에 급여를 못 받은 사람들이 겪을 고통을 조금도 생각하지 않는다.

이처럼 너무 많은 고통이 단순한 부주의로 일어난다. 자기의 행동이 타인에게 주는 영향을 생각하지 않는다. 그러나 카르마는 결코 잊지 않으며, 사람이 잊었다는 것도 전혀 고려하지 않는다. 만일 여러분이 '도(道)의 길'에 들어서고자 한다면, 생각 없이 행한 잔인함을 저지르지 않도록 자기가 하는 일의 결과를 생각해야 한다.

미신은 또 다른 큰 악이다. 그것은 매우 혹독한 잔인함을 일으킨다. 미신의 노예가 된 자는 현명한 사람을 경멸하고, 자기가 하는 일을 그들에게도 강요하려고 한다. 동물을 희생하는 것이 당연하다고 생각하는 미신에 의하여 저질러진 엄청난 대량 학살을 생각해 보라. 그리고 인간의 음식으로서 고기가 필요하다는 더욱 잔인한 미신도 생각해 보라.

미신 때문에 우리가 사랑하는 인도의 억압된 계층에게 가해진 처우를 생각해 보라. 그리고 이처럼 나쁜 악이 형제애의 의무를 아는 사람들에게도 무심한 잔인성으로 나타나고 있음을 생각해 보라. 미신이라는 악몽에 동요되어서, 신의 사랑이라는 미명 하에 사람들은 많은 죄를 저질렀다. 그러므로 그러한 잔혹함이 여러분에게 조금이라도 남아 있지 않도록 주의하라.

　이들 세 가지의 큰 죄를 여러분은 피해야 한다. 왜냐하면 이 죄들은 여러분이 진보하는 데 치명적이며, 사랑에 대한 죄악이기 때문이다. 그러므로 여러분은 죄를 짓지 않을 뿐만 아니라 선행에 적극적이어야 한다.

　여러분은 봉사할 생각으로 가득 차 있어야 하며, 주위에 있는 사람들뿐만 아니라 동물이나 식물에게도 봉사를 할 수 있도록 항상 주의해야 한다. 여러분은 매일 사소한 일에 봉사하는 습관이 형성되도록 해서, 위대한 일을 할 기회가 왔을 때, 그것을 놓치지 않도록 해야 한다.

　여러분이 신과 하나가 되기를 바란다 하더라도, 그것은 여러분 자신을 위한 것이 아니다. 여러분은 신의 사랑이 다른 사람들에게 도달하도록 흐를 수 있는 '통로'가 되는 것이다.

도의 길에 들어선 사람은 자신을 위해서가 아니라, 다른 사람들을 위하여 존재하는 것이다. 그는 다른 사람에게 봉사하기 위해서 자신을 망각한다. 그는 마치 신의 손에 있는 펜과 같은 것이어서, 그 펜을 통하여 신의 생각이 지상에 표현되므로, 그런 펜이 없다면 신의 생각이 나타날 수가 없다. 또한 그는 동시에 살아 있는 불의 상징으로, 신성한 사랑을 이 세상에 비추는 역할도 한다.

다른 사람들에게 여러분이 도움을 줄 수 있게 하는 지혜, 그 지혜를 안내하는 의지, 그리고 그 의지에 영감을 불어넣어 주는 사랑, 이것들이 바로 여러분이 갖추어야 할 자질이다. 지혜, 의지 그리고 사랑은 로고스의 세 가지 면이다. 그리고 신께 봉사하고자 하는 여러분은 이러한 면들을 세상에 나타내어야 한다.

스승의 말씀을 기다리며
숨겨진 빛을 지켜 본다.

스승의 명령을 들으려고 귀 기울이며
이 세상의 투쟁의 소용돌이 속에 서 있다.

많은 군중들 머리 너머로
스승의 미세한 신호를 본다.

대지의 시끄러운 노래 위에서
스승의 희미한 속삭임을 듣는다.

가끔씩 누군가의 죽음 소식을 접하면서도
우리의 대부분은 정작 자신의 죽음에 대해서는
전혀 신경 쓰지 않고 살아가는 셈이다.

LIGHT ON THE PATH
제 3 장 _ 도 의 길 잡 이

마벨 콜린스

'마벨 콜린스'는 누구인가?

신지학 역사에서 마벨 콜린스(Mabel Collins)에 대하여 알려진 것은 많지 않다. 그녀는 1851년 9월에 태어났으며, 작가이자 영매였다. 신지학 이외에 로맨스 소설, 패션 관련 글 등을 써서 출판했다고 알려져 있다. 또한 블라바츠키 여사를 만난 이후 영국에서 〈루시퍼(Lucifer)〉라는 신지학 기관지의 공동 편집자를 맡기도 했으나, 후에 신지학회에서 불미스러운 일로 결국 신지학회를 떠나게 되었다.

마벨 콜린스와 신지학회의 이런 불화의 내막을 소개해 보자면, 다음과 같다.

마벨 콜린스가 신지학을 처음 만나게 된 것이 1881년이었다. 그 당시 A. P. 시네트 씨 집에는 많은 사람들이 드나들고 있었는데, 정기적으로 방문하는 사람들 중 한 명이 마벨이었다. 신지학 관련 공부와 만남이 그녀의 많은 시간을 차지했지만, 그녀는 자신의 소설들을 계속 썼다. 그녀는 로맨스 소설가였다. 그녀의 소설은 미국과 영국에서 출판되었고, 나름대로 명성을 얻었다.

1887년 5월, 〈루시퍼(Lucifer)〉라는 정기간행물을 출간하기로 결정됐고, 마벨 콜린스가 공동 편집자로 임명되었다. 동시에 그녀는 「꽃과 과일(The Blossom and the Fruit)」이라는 글을 연재 형식으로 1887년부터 1888년 동안 출판했고 그것으로 생활비를 벌었다. 다음 2년 동안 그녀는 〈루시퍼〉의 공동 편집자로 있었다. 그리고 신지학이 상당한 유행처럼 퍼져나갔다. 그러자 많은 사람들이 블라바츠키 여사를 만나기 위해서 영국 협회로 쏟아져 들어왔다.

1888년, 올코트 대령이 〈루시퍼〉 10월호, 11월호에서 '비전 부문(Esoteric Section)'을 만든다고 선언했다. 이것은 순전히 블라바츠키 여사의 지도 아래에 만들어진 소그룹으로, 신지학회와는 다르게 비밀을 유지할 것을 엄격하게 선언한 소규모 사람들만 받아들였다.

그런데 1889년 2월호 〈루시퍼〉에서 마벨의 이름이 갑자기 사라졌다. 모든 사람들이 그 이유를 알고 싶어 했다. 그 스캔들은 이렇다.

마벨이 썼던 「꽃과 과일」의 마무리 부분에 흑마법을 지지하는 내용이 있다고 알려졌다. 그래서 블라바츠키 여사가 그것이 출판되기 전에 마지막 장을 다시 쓰도록 하기 위해서 개입해야 한다고 말했다. 그리고 마벨과 케이틀리(Keightley)가 어떤 관계였고, 그 두 사람이 탄트라 숭배와 흑마법에 관여했는지 말했다. 블라바츠키 여사에게는 그들이 곤경에 빠진 것으로 보여서, 그들을 구하기 위해서 본인이 직접 간섭해야만 한다고 했다.

처음에 마벨은 비전 부문에 참가하는 것이 허락되지 않았다. 나중에 블라바츠키 여사에게 애원하여 견습생으로 참가하는 것이 허락되었지만, '배반과 불성실'로 4일 이내에 퇴출되었다. 그 배반의 한 부분이 레인(Lane)과 바람이 났기 때문이다. 그리고 케이틀리와의 부적절한 행동으로도 비난을 받았다. 그 당시 블라바츠키 여사가 "나는 너를 한 번 이상 허용할 수 없다"고 말했다고 한다. 무엇보다 비토리아(Vittoria)도 마벨과 친밀한 관계였다고 주장했다. 많은 사람들이 이 스캔들에 관심을 갖게 하는 데 역할을 한 사람은 확실히 그녀였다.

블라바츠키 여사의 비난이 나오자마자 블라바츠키 여사에 대한 법률적 조치를 취하겠다고 떠들고 다녔다. 그리고 이것은 빈 말이 아니었다. 1889년 7월, 블라바츠키 여사를 명예훼손 혐의로 고소했다. 하지만 이것은 1890년 7월까지 법정에 도착하지 않았다. 그리하여 이 사건은 짧게 끝났다. 블라바츠키 여사가 마벨이 쓴 편지를 보여줄 것을 요청했기 때문이다.

그리고 법정으로 들어간 변호인단에게 그 편지가 제시되었고, 그들은 판사에게 이 사건을 기각할 것을 요청했다. 고소가 즉각 중지되었지만, 그 편지의 내용은 결코 공개되지 않았다.

이 스캔들의 스트레스로 마벨이 상처를 받았다. 그리고 그녀에겐 습진이 시작되었다. 또한 그녀는 지속적인 두통으로 고통을 받았다. 그녀는 먹는 것을 멈추고 깊은 우울증에 빠져들었다. 결국에는 신경 쇠약을 앓았고, 마벨의 동생이 그녀를 돌보면서 4개월을 보냈다. 마벨은 아주 간단한 일조차 할 수 없었다.

마벨은 1889년에 블라바츠키 여사에게 해를 주기 위해서 『도의 길잡이』는 힐라리온 대사가 구술한 것이 아니라, 블라바츠키 여사가 구술한 것이라고 말을 바꿨다. 블라바츠키 여사가 그 가르침의 원천을 힐라리온 대사로 바꾸라고 그녀를 설득했다는 거짓말을 퍼뜨렸다. 또한 블라바츠키 여사를 모함하는 다른 이야기들을 신문에 게재했다. 블라바츠키 여사가 소송을 했지만, 1891년 블라바츠키 여사의 죽음으로 자연스럽게 소송이 기각되었다.

블라바츠키 사후, 이런 모함을 게재한 신문사인 〈더 썬(The Sun)〉도 사과문을 게시했다. 마벨은 그 이후 세인의 이목에서 사라졌다. 아마도 그녀가 블라바츠키 여사의 죽음을 초래했다는 부끄러움 때문일 것이라고 전해졌다. 그리고 그녀가 신경쇠약으로 고통 받고 있다는 1910년까지도 마벨의 모습은 보이지 않았다고 한다.

동양의 지혜를 모르거나
그 지혜의 감화를 받고자 한다면

오컬트 전통에 따르면, 오늘날 대서양이라는 곳에 거대한 대륙인 아틀란티스가 있었다고 한다. 아틀란티스인들이 가진 지혜와 그들이 소유했던 물질적인 웅장함에 대한 이야기들이 이집트 승려들을 통해서 그리스로 전해졌다. 『티마이오스(Timaeus)』와 『크리티아(Critias)』에서 플라톤은 이 잃어버린 대륙에 대해서 언급했다. 마지막 남은 대륙이 기원전 9564년에 침몰했다. 그 대륙이 침몰하면서 엄청난 파도를 일으켰기 때문에 대홍수 이야기가 인류의 기억 속에 남게 되었다. 그 파도는 지구상에서 움직이는 모든 피조물과 인간을 몰살시켰다.

그러나 이런 대재앙이 일어나기 수천 년 전에 아틀란티스는 문명의 정점에 있었다. 그리고 그 아틀란티스 제국의 수도는 금문교의 도시(City of the Golden Gate)로 널리 알려졌다. 그 당시 금은 황제들의 권력을 상징했다. 바로 이 도시에서 오랜 세월 동안 '황금의 문의 신성한 통치자들(Divine Rulers of the Golden Gate)'로 알려진 완전한 인간(Perfect Men)의 왕조에 의해서 다스려졌다.

아틀란티스 문화의 중요한 시기에 금문교의 신성한 통치자들은 위대한 형제단의 초인들과 입문자들이었다. 그들은 거대한 아틀란티스 제국의 운명을 조정할 수 있는 지혜와 힘이 있었을 뿐만 아니라, 또한 그들은 신성한 신비에 정통한 성인들이었다. 아틀란티스 통치 기간 동안 그들은 신비 문헌들과 오컬트 문헌들을 수집했다.

어떤 문헌은 신성한 통치자(Divine Ruler)들이 직접 썼으며, 또 다른 책들은 아틀란티스의 입문한 승려들이 쓴 책들이다. 이 책들은 엄청 심오한 철학과 최고의 영성이 있었으며, 유럽과 아시아, 아프리카 그리고 아메리카에 있던 신성한 통치자들에 의해서 다양한 언어로 복사되고 번역되었다. 신성한 통치자들의 왕조가 사라지면서 아틀란티스의 쇠락이 시작되었다. 그리고 그 문헌들은 서서히 하나, 둘씩 사라졌다. 그러나 모든 게 사라진 것이 아니다. 조각조각들이 중국과 인도의 고대 문헌 속에 여전히 남아 있다.

중국의 도교(Taoism) 문헌들 중에서 『청정경(The Classic of Purity)』으로 알려진 매우 섬세한 단편을 찾을 수 있다. 그것은 후대에 도교로 알려진 철학 체계의 본질을 제시해 준다. 그리고 역사적으로 마지막 주창자가 기원전 5세기에 있던 노자(Lao Tse)였다.

사본 필사자인 갈현(Ko Hsuan)은 이와 관련해서 다음과 같이 말한다.

"나는 『청정경』을 동쪽 화(Hwa)의 신성한 통치자로부터 얻었다. 그는 이것을 금문교(Golden Gate)의 신성한 통치자에게서 받았다. 그 통치자는 그것을 서쪽 황실 모후로부터 받았다."(동양의 신성한 문헌들, 40권, 제임스 레게(James Legge) 번역, 『도교 문헌(Texts of Taosim)』)

이 문헌은 도(Tao)의 신지, 만물의 심장인 '도(the Way)', 로고스(Logos)에 대해서 상세하게 설명한다. 아틀란티스 저 멀리에서 우리는 도에 대해서 듣는다.

"위대한 도는 형태가 없다. 그러나 그것은 땅과 하늘을 만들고 먹여 살린다. 위대한 도(Great Tao)는 격정(passion)이 없다. 그러나 그것은 태양과 달을 돌게 한다. 위대한 도는 이름이 없다. 그러나 그것은 모든 만물을 키우고 유지하는 데 영향을 준다. 나는 그 이름을 모른다. 그러나 그것을 도(Tao)라고 부른다."

가장 오래된 어떤 『우파니샤드』(고대 인도의 철학 경전 – 편집자 주) 속에서 아틀란티스 시대 문헌의 단편들을 찾을 수 있다. '그것(Tat)', 절대적 존재(Absolute Being)에 대해서 듣는 곳마다, 아틀란티스의 가르침을 발견하게 된다. 후에 아리안계 힌두인들이 그것과 바루나(Varuna), 미트라(Mitra), 인드라(Indra) 및 기타 신들이 있는 복수 귀신 숭배(polydaemonism)와 동화시켰으며, 그 결과 전형적인 인도의 특징인 단일신교(henotheism)가 생기게 되었다.

『카타 우파니샤드』의 제1부 2장 1절 속에는 아틀란티스의 단편들이 있다.

"올바른 것과 달콤한 것은 다르다. 이 두 가지가 떨어져 있는 사물과 인간을 묶어 준다. 두 가지 중 올바른 것을 선택한 자는 잘한 것이다. 그러나 달콤한 것을 선택한 자는 목표에서 많이 빗나간 것이다. 올바른 것과 달콤한 것은 유한한 자에게 온다. 현명한 자는 두 가지를 걸러서 분리한다. 왜냐하면 현명한 자는 달콤한 것보다 올바른 것을 더 좋아한다. 반면에 어리석은 자는 달콤한 것을 간직하기 위해서 선택한다."

"노래 부르는 자(singer)는 태어나지도 않고, 죽지도 않는다. 그는 어디서 오는 것도 아니고, 어떤 것도 아니다. 이것은 태어나지 않고, 영원하고, 영원히 지속되는, 아주 오래된 것이다. 그는 죽지 않은 채 죽는다. 이 두 가지에 대해서 알려진 게 아무것도 없다. 이것은 죽지도 죽이지도 않는다."

또 다른 단편이 아마도 『바가바드 기타』의 첫 번째 개정판을 구성하고 있다. 절대자를 슈리 크리슈나(Shri Krishna), 즉 환생한 신성한 영웅과 동일시하는 부분과 대조적으로 절대자를 초인격적으로 '그것(That)', '그(He)', '인간(The Man)'으로 여기는 부분이다.

한편, 『도의 길잡이(Light on the Path)』의 가장 오래된 핵심 부분에 황금의 문의 신성한 통치자들(Divine Rulers of the Golden Gate)에 대한 또 다른 소론이 있다. 원전의 핵심은 30개의 규칙 혹은 금언들로 구성되어 있고, 각각의 규칙은 철학적인 해설을 위한 본문으로 되어 있다. 또 열망자와 입문자들을 위한 삶과 행동에 대한 많은 원칙들이 응집된 형태로 되어 있다. 신성한 통치자들에 대한 다른 문헌들처럼 이 소론도 초인들에 의해서 사용하기 위해서 보존되어 왔다.

『도의 길잡이』가 세 가지로 구분되듯이, 여기서도 세 가지 요소들로 구성되어 있다.

1. 가장 오래된 부분인 30가지 원전의 규칙들은 큰 글씨체로 인쇄되었다. 아틀란티스로부터 온 30가지 규칙들은 나중에 고대의 산스크리트어로 번역되었다. 이것은 10개의 야자수 나뭇잎에 받아 쓰였는데, 각각에는 세 가지 규칙이 있었다. 그리고 우리들에게 '베니션(Venetian)' 대사(大師)로 알려진 분이 서기 3세기 알렉산드리아에 살았을 때 제자들을 위해서 그것들을 그리스어로 출판했다. 그 제자들 중 한 분이 이암블리쿠스(Iamblichus)이며, 이분은 우리에게 힐라리온(Hilarion) 대사로 알려져 있는 분이다.

2. 알렉산드리아의 베니션 대사가 산스크리트어에서 그리스어로 출판할 때 이 규칙들에다 서문과 설명들을 추가했다. 이것이 이 책

의 두 번째 요소를 구성하며 작은 로마체로 인쇄되어 있다.

1885년, 힐라리온 대사는 M. C.(마벨 콜린스)를 통해서 그분의 스승이 전해준 원래 규칙들과 설명들을 영어로 받아쓰게 했다. 그 당시 M. C.는 초기 신지학회의 주도 멤버였고, 많은 문학적인 능력을 가지고 있으며 과거 생에서 받아쓸 권리를 얻었다. 그리고 그것이 신지학회를 통해서 이 세상에 전해지길 바라는 힐라리온 대사의 작품의 통로가 되는 것이 그녀의 운명이었다.

각각의 규칙은 그 설명과 함께 제시되었고, 그 당시 M. C.의 마인드 앞에 완전히 깨어 있는 의식 상태 속에서 많은 차원의 개념 형태로 제시되었다. 그런데도 힐라리온 대사의 지도 아래 현재 우리가 알고 있는 문헌이 영어로 받아 적게 되었다. 그리고 책이 출판되었으며, 속표지에 다음과 같은 말이 기록되었다.

"『도의 길잡이』는 동양의 지혜를 모르는 사람들과 그 지혜의 감화를 받고자 하는 사람들이 혼자 사용할 수 있도록 쓰인 소책자이다. 신지학회 회원 M. C.가 받아씀."

이 책이 출판되자마자 바로 신지학을 공부하는 학생들은 이 문헌을 불후의 명작으로 칭송했다. 그리고 신지학 문헌에 값어치를 매길 수 없는 공헌을 더했다. 또한 저명한 신지학자인 저지(Judge) 씨가 1885년 6월, 〈신지학자(The Theosophist)〉에 일련의 주석을 실었다.

3. 이 책을 출판하자마자 바로 힐라리온 대사가 M. C.를 통해서 이미 제시된 것을 설명하는 추가적인 가르침을 이 세상에 주었다. 이것이 이 책의 세 번째 요소이고, 이탤릭체로 인쇄되었다. 힐라리온 대사가 추가한 부분은 '주(Notes)'로 알려져 있고, 첫 번째 출판에서는 규칙들과 그것을 분리해서 출판했다. 두 번째 판부터는 '주'를 적합한 부분에 놓고 출판했다.

현재 판은 세 가지 요소를 구분하기 위해서 약간의 차이가 있는 것을 제외하고 두 번째 판을 따랐고, 미국에서는 첫 번째 판이다.

나중에 M.C.가 이 책에 대한 일련의 주석을 썼다. 다른 판에서 그것들을 볼 수 있다. 그러나 그것들이 가치가 있지만, 원전의 30가지 규칙들과 설명 및 주석을 단 대스승의 가르침을 완전하게 반영하지 못한다는 판단 하에 이번 판에서는 제외했다.

여기서 『도의 길잡이』의 복합적인 성격을 분명히 볼 수 있다. 보통 세 가지 규칙들이 오고, 다음으로 네 번째 긴 규칙이 오는데, 이것은 앞에 온 규칙들에 대한 하나의 주석이다. 세 가지 짧은 규칙들을 완전하게 이해하려면 네 번째 긴 규칙을 참고해야 한다. 예를 들면, 다음과 같다.

1. 야망을 없애라. 그러나 야망이 많은 사람들이 일하는 것처럼 열심히 일하라.

2. 삶에 대한 욕망을 없애라. 그러나 삶을 열망하는 사람들처럼 삶을 존중하라.

3. 안락함에 대한 욕망을 없애라. 그러나 안락함을 바라는 사람처럼 행복해라.

13. 권능(power)을 열렬히 원해라. 그리고 제자가 몹시 탐내는 그 권능(힘)은 보통 사람들 눈에 그가 아무것도 아닌 것처럼 보이게 만드는 그런 힘이다.

14. 평화를 절실히 열망해라. 그대가 원하는 평화는 그 어떤 것도 방해할 수 없는 그런 성스러운 평화이다. 그리고 그대의 혼은, 마치 성스러운 꽃이 조용한 늪에서 자라듯이, 그 평화 속에서 자라날 것이다.

15. 무엇보다도 소유하기를 간절히 원하라. 그러나 그 소유는 순수한 혼에게만 속하는 것이고, 똑같이 모든 순수한 혼들에 의해서 소유되어야 한다. 그래서 합일되었을 때만이 전체라는 본질적인 특성이 되는 것이다. 그런 소유에 대한 갈망을 순수한 혼이 간직할 수 있기에, 그대는 그대의 유일한 진아(true self)인 합일된 생명의 영(united spirit of life)을 위해서 부를 쌓을 수 있을 것이다.

대스승 힐라리온 대사의 지도 아래 M. C.가 쓴 다른 책이 있다. 그리고 『도의 길잡이(Light on the Path)』의 제1장 끝부분에서 이렇게 그 책을 언급한다.

"세 가지 진리를 소중히 여겨라. 그것들은 모두 다 똑같이 중요하다."

이 세 가지 진리는 『백연화의 목가(The Idyll of the White Lotus)』 제2권, 8장에 있다.

『도의 길잡이』에는 설명과 주석을 포함해서 42가지 규칙들이 있다. 이것들은 21가지 규칙들을 가진 두 가지 그룹으로 나누어진다. 21가지 규칙들을 가진 제1장에서는 '바깥뜰에 있는' 구도자의 삶을 다루고 있다. 그것들은 "배움의 전당 벽 위에 쓰인 규칙들 중 첫 번째이다."

배움의 전당은 또 다른 신비 문헌인 『침묵의 소리』에서 사용된 상징적인 문구로, 존재계에 적합한 의식 상태들과 아스트랄계를 설명하는 것이다.

제2장은 지혜의 대스승이 받아들여서 '도의 길로 들어간' 제자들만이 온전하게 이해할 수 있을 것이다. 그것은 상승의 길 위에서 입문자(Initiate)가 인간 이상의 인간이 되어, 신성의 입구에서 그 자신이 지혜의 대스승으로 넘어갈 때까지의 삶에 대한 가르침을 포함하고 있다.

『도의 길잡이』 다음에 오는 '카르마(Karma)'에 대한 매우 섬세한 단상은 M. C.가 받아쓴 것이지만, '베니션 대사'께서 주신 것이다.

그것 또한 설명하기 어려운 더 큰 영적인 특성이 있는 설명서로 '성배(Grail)'의 빛을 어느 정도 힐끗 드러내고 있다.

〈파르지팔(Parsifal)〉이 음악 애호가들에게 의미를 갖는 것처럼, 『도의 길잡이』도 열망하는 혼들에게 끊임없는 영감과 경이를 주는 원천이다. 이 작품들 모두 천국에서의 축복받은 삶을 위해서가 아니라, 이 세상의 무거운 카르마를 조금이라도 들어올리기 위한 것이다. 또한 이것들 모두 지구상에서의 봉사의 삶을 위해서 신을 찾으라고 가르치는 복음 중 복음을 선언하고 있다.

1888년
C. 지나라다사(JINARADASA, 국제 신지학회 이전 회장)

다른 모든 사건들은 일어날 수도 있고,
일어나지 않을 수도 있다.
그러나 '나의 죽음'만큼은 반드시 일어나는 사건이다.

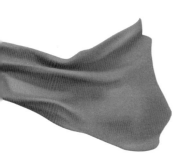

1. '바깥뜰에 있는' 구도자의 삶을 위한 21가지 규칙

여기에 있는 규칙들은 모든 제자들을 위해서 쓰인 것이다.

제자들은 이 규칙들을 마음에 담아서 잘 유의해야 한다.

눈이 볼 수 있기 전에, 눈물을 흘릴 수 없어야 한다. 귀가 들을 수 있기 전에, 그 민감함을 잃어버려야 한다. 목소리가 대스승 앞에서 말할 수 있기 전에, 상처를 줄 수 있는 힘을 잃어버려야 한다. 혼이 대스승들 앞에 설 수 있기 전에, 혼의 다리는 심장의 핏속에서 씻기어야만 한다.

1. 야망을 없애라.

주_ 야망이 첫 번째 저주다. 즉 자기 동료들 위로 올라가려는 인간을 강력하게 유혹하는 것이다. 그것은 보상을 바라는 가장 단순한 형태이다. 지성과 권능을 가진 사람들은 그들이 가지고 있는 더 높은 가능성들로부터 계속해서 멀어지게 된다. 그러나 그것은 필요한 스승이다. 그 결과들은 입 속에서 먼지와 재로 변한다. 죽음과 소외감처럼, 결국 자기 자신을 위해 일하는 것은 실망과 좌절을 위해 일한다는 것을 인간들에게 보여 준다.

그러나 비록 이 첫 번째 규칙이 단순하고 쉬운 것처럼 보이지만, 성급히 지나쳐서는 안 된다. 왜냐하면, 보통 사람들의 이러한 악들은 미묘한 변형을 거쳐서, 제자의 가슴속에서 변화된 모습으로 다시 나타나기 때문이다. "나는 야망을 가지지 않을 것이다"라고 말하는 것은 쉽다. 그러나 "대스승께서 나의 마음속을 보았을 때, 내 마음이 완전하게 깨끗하다는 것을 발견할 것이다"라고 말하기는 쉽지 않다.

자기 자신(소아)으로부터 관심을 없앴다고 착각하지만, 실제로는 경험과 욕망의 한계를 더 확장시킨다. 그래서 자신의 관심을 보다 넓은 의미에서의 삶의 영역으로 확대한 오컬티스트들보다는, 창작 자체를 더 사랑하기 때문에 열심히 창작하는 순수한 예술가가 오히려 올바른 길에 더 확고하게 뿌리내리고 있는 것이다.

겉으로 보기에는 단순해 보이는 다음의 두 가지 규칙에도 똑같은 원칙이 적용된다. 오랫동안 그것들에 대해서 생각해 보아라. 그리고 그대 자신의 마음에 의해서 그대가 쉽게 현혹되지 않도록 하라. 지금과 같은 시작 단계에서의 실수는 고칠 수 있다. 그러나 그것을 그대와 함께 계속 지니고 다니면, 그것이 성장하여 열매를 맺게 될 것이다. 그러면 그대는 그것을 없애는 데 많은 쓰라린 고통을 겪어야만 할 것이다.

2. 삶에 대한 욕망을 없애라.

3. 안락함에 대한 욕망을 없애라.

4. 야망이 많은 사람들이 일하는 것처럼 열심히 일하라.

생명을 열망하는 사람들처럼 생명을 존중하라. 행복을 위해서 사는 사람들처럼 행복해라. 가슴 속에서 악의 근원을 찾아서 그것을 없애 버려라. 그것은 욕망을 가진 자의 마음속에서뿐만 아니라, 헌신적인 제자의 마음속에서도 풍성하게 살고 있다. 단지 강한 자만이 그것을 없앨 수 있다. 약한 자는 그것이 성장해서, 열매를 맺고, 죽을 때까지 기다려야 한다. 그리고 그것은 오랜 세월 내내 살아가며 성장해 가는 식물이다.

그것은 인간이 수없이 많은 환생을 통해서 경험을 쌓았을 때 그때 꽃을 피운다. 권능의 길로 들어설 자는 그의 가슴속에서 이것을 잡아 떼어내야 한다. 그러면 그의 가슴은 피를 흘릴 것이고, 그의 모든 삶은 완전히 없어지는 것처럼 보일 것이다.

이런 고통을 참아내야만 한다. 이 시련은 생명의 길로 이끌어 주는 험준한 사다리의 첫 번째 계단에서 일어날지도 모르며, 또는 마지막 계단을 밟을 때까지 일어나지 않을 수도 있다. 그러나 제자여! 이것을 참고 견뎌내어야 한다는 것을 명심하라. 그리고 그대 혼의 모든 에너지를 그 일에 꽉 붙들어 매라.

현재 속에서도, 미래 속에서도 살지 말고, 영원 속에서만 살아라. 이 거대한 잡초는 '영원' 속에서는 결코 꽃을 피울 수가 없는 그런 것이다. 존재의 얼룩은 '영원한 생각'이라는 바로 그 공기 속에서 씻겨 사라져야 한다.

5. 모든 분리감(sense of separateness)을 없애라.

주 _ 자기 자신이 나쁜 사람들이나 어리석은 사람들로부터 떨어져 있을 수 있다고 착각하지 마라. 비록 그대가 그들을 그대 자신과 동일시하는 정도가 그대의 친구나 혹은 스승을 그대 자신과 동일시하는 정도와 차이가 있지만, 그럼에도 불구하고, 그들은 바로 그대 자신이다.

그러나 만약 어떤 악한 사물이나 사람과 그대가 분리되어 있다는 그런 생각이 그대 마음속에서 자라나도록 놓아둔다면, 그대는 그렇게 함으로써 카르마를 만들게 된다.

그 카르마는 그대가 그것이나 그들과는 분리되어 있을 수 없다는 것을 그대의 혼이 인식할 때까지, 그 사물이나 사람과 그대를 단단히 묶어둘 것이다. 이 세상의 죄나 수치들은 그대의 죄요, 그대의 수치들이라는 것을 명심하라.

왜냐하면 그대는 이 세상의 한 부분이기 때문이다. 그대 자신의 카르마는 거대한 세계의 카르마와 서로 뒤얽혀 있기 때문이다. 그대가 깨달음을 얻을 수 있을 때에는 그대는 이미 악취가 나는 지저분한 곳들이나 깨끗한 모든 곳을 다 지나갔음에 틀림없다.

그러므로 그대가 만지길 꺼려하는 그 지저분한 옷이 과거에 그대의 옷이었을지도 모르며, 내일에 입을 그대의 옷일지도 모른다는 것을 명심하라. 그리고 그것이 그대의 어깨 위에 내던져졌을 때, 그대가 혐오감을 가지고 돌아선다면 그것은 그대에게 더욱더 달라붙을 것이다. 독선적인 사람은 진흙 바닥을 자신의 침대로 만든다. 절제하라. 왜냐하면 절제하는 것이 옳기 때문이다. 그대 자신을 깨끗하게 하기 위해서가 아니다.

6. 감흥(sensation)에 대한 욕망을 없애라.

7. 성장하고 싶은 갈망을 없애라.

8. 그러나 홀로 의연히 서라.

왜냐하면 형체를 가진 것, 분리를 의식하고 있는 것, '영원'에서 나와 있는 것, 그 어떤 것도 그대를 도와줄 수 없기 때문이다. 감각으로부터 배우고, 그것을 관찰하라. 왜냐하면, 그렇게 함으로써만 그대는 자기 지식(자각)의 과학을 시작할 수 있으며, 그 지식에 이르는 사다리의 첫 계단에 그대의 발을 놓을 수 있기 때문이다. 마치 꽃이 무의식적으로 자라나듯이, 그러나 공기를 향해서 자신의 혼을 간절히 열어주듯이 그렇게 성장하라.

마찬가지로 그대는 그대의 혼을 영원을 향해서 열어 주기 위해서 앞으로 밀고 나아가야만 한다. 그러나 그대의 힘과 아름다움을 이끌어내는 것은 바로 '영원'이어야 하지, 성장하고 싶은 욕망이어서는 안 된다. 왜냐하면 전자의 경우에, 그대는 순수함으로 가득 차면서 성장한다. 그러나 후자의 경우에, 그대가 개인적인 성장에 대한 욕망 때문에 더욱더 굳어지게 만들기 때문이다.

9. 그대 안에 있는 것, 그것만을 열망하라.

10. 그대를 넘어 서 있는 것, 그것만을 열망하라.

11. 성취할 수 없는 것, 그것만을 열망하라.

12. 왜냐하면 그대 안에는 이 세계의 빛이 있다.

　이것은 도의 길 위를 비출 수 있는 유일한 빛이다. 만약 그대가 그대 안에 있는 그 빛을 인식할 수 없다면, 다른 곳에서 찾아 봤자 아무 소용이 없다. 그것은 그대를 초월해 있다. 왜냐하면 그대가 그것에 도달했을 때, 그대는 이미 그대 자신을 잃어버린 후가 되기 때문이다. 그것은 얻을 수 없는 것이다. 왜냐하면 그것은 영원히 움츠러들기 때문이다. 그대는 빛으로 들어갈 수는 있지만, 그 불기둥을 절대 만지지는 못할 것이다.

13. 권능(power)을 열렬히 원하라.

14. 평화를 절실히 원하라.

15. 무엇보다도 소유하기를 간절히 원하라.

16. 그러나 그 소유는 순수한 혼에게만 속하는 것이고,
똑같이 모든 순수한 혼들에 의해서 소유되어야 한다.

그래서 합일되었을 때만 전체의 본질적인 특성이 되는 것이다. 그런 소유에 대한 갈망을 순수한 혼이 간직할 수 있기에, 그대는 그대의 유일한 진아(true self)인 합일된 생명의 영(united spirit of life)을 위해서 부를 쌓을 수 있을 것이다.

그대가 바라게 될 평화는 그 어떤 것도 방해할 수 없는 그런 성스러운 평화이다. 그리고 그대의 혼은, 마치 성스러운 꽃이 조용한 늪에서 자라듯이, 그 평화 속에서 자라날 것이다. 또한 제자가 몹시 탐내는 그 권능(힘)은 보통 사람들 눈에는 그가 아무것도 아닌 것처럼 보이게 만드는 그런 힘이다.

17. 길을 찾으려고 애써라.

주_ 이 말은 그 자체만으로서 가볍게 보일지도 모른다. 어쩌면 제자가 다음과 같이 말할지도 모른다.

"여기 있는 생각들을 공부해야 한다면, 제가 길을 찾으려고 있지 않았습니까?"

너무 성급하게 지나가지 마라. 잠시 멈춰 서서 숙고해 보아라. 그것이 그대가 원하는 길인가? 아니면 그대가 오르려는 매우 높은 정상을 보는 속에서, 그대가 달성하려는 위대한 미래를 보는 속에서 어떤 희미한 전망이 있는 것이 아닐까? 제자여! 경계해야 한다. 길은 길 그 자체를 위해서 추구되어야 하는 것이지, 그 길을 걷게 될 그대의 발과는 아무런 상관이 없는 것이다.

이 규칙과 다음 제2장의 17번 규칙은 서로 상응한다. 오랜 기간 동안의 싸움과 많은 승리를 얻은 후에, 최후의 결전에서 승리하여 최후의 비밀을 요구할 때, 그때 그대는 더욱더 심오한 길을 갈 준비가 된 것이다.

이 위대한 가르침의 마지막 비밀을 들었을 때, 그 속에서 새로운 길의 신비가 열리게 된다. 그 길은 인간의 모든 경험에서 벗어난 길이며, 인간의 인식이나 상상을 완전히 넘어선 그런 길이다. 이들 각 지점에서 오랫동안 멈춰 서서 깊이 숙고해 보는 것이 꼭 필요하다. 이들 각 지점에서 길, 그 자체를 위해서 선택되었는지 다시 한 번 확인하는 것이 필요하다. 길과 진리가 먼저 오고, 그 다음에 생명이 따라오게 된다.

18. 안으로 침잠하면서 길을 찾아라.

19. 밖으로 대담하게 나아가면서 길을 찾아라.

20. 어떤 한 길로만 그것을 찾지 마라.

    각각의 기질에 따라서 가장 바람직한 것처럼 보이는 하나의 길이 있다. 그러나 그 길은 헌신만으로 찾아질 수 없고, 종교적인 사색만으로도, 열렬히 발전하는 것만으로도, 자기희생의 노력만으로도, 삶에 대한 세심한 관찰만으로도 찾아질 수가 없다.

    그 어느 것도 제자를 한 계단 이상 앞으로 데려다 줄 수가 없다. 사다리를 만들기 위해서는 모든 계단들이 필요하다. 인간의 악들을 하나씩 극복함에 따라서 그것들이 사다리를 구성하는 계단이 된다. 인간의 미덕들은 진실로 필요하며, 결코 없이 지내서는 안 될 그런 계단들이다.

    그러나 비록 그것들이 깨끗한 공기와 행복한 미래를 만들지라도, 홀로 떨어져서는 그것들도 쓸모없게 된다. 길로 들어서고자 하는 사람은 자신의 모든 성질을 현명하게 사용해야 한다. 개개인은 절대적으로 자기 자신에게 길이요, 진리요, 생명이다.

하지만 자신의 전체 개체성(individuality)을 확고하게 움켜잡았을 때 그렇다. 그리고 깨어난 영적 의지의 힘에 의해서 이 개체성을 자기 자신이 아니라, 자신이 사용하기 위해서 힘겹게 만든 것으로 인식해야 한다. 그리고 성장과 함께 지성이 계발됨에 따라 그 개체성 너머에 있는 생명에 도달하기 위한 수단으로 인식할 때, 그는 진정으로 자신의 길이요, 진리요, 생명이 되는 것이다.

바로 이것을 위해서, 놀랍고도 복잡하면서 분리된 생명이 존재한다는 것을 알 때, 그때 그리고 그때가 되어서 비로소 그는 길 위에 있는 것이다. 그대의 가장 깊은 존재의 신비스럽고 영광스러운 심연 속으로 뛰어 들어감으로써 그것을 찾아라.

모든 경험을 테스트하면서, 개체성의 성장과 의미를 이해하기 위해서 그리고 그대가 속해 있는 인종을 구성하며 그대와 마찬가지로 발전하려고 힘겹게 싸우고 있는 다른 신성한 단편들의 아름다움과 모호함을 이해하기 위해서, 감각들을 이용하면서 그 길을 찾아라.

존재의 법칙들, 대자연의 법칙들 그리고 초자연적인 법칙들을 공부하면서 그것을 찾아라. 그리고 그대 내면에서 타고 있는 그 희미한 별에게 그대 혼의 깊고 깊은 존경을 표하면서 그 길을 찾아라.

그대가 꾸준히 주의 깊게 보고 존경함에 따라 그 빛은 점점 더 강하게 자라날 것이다. 그때 그대는 그 길의 시작을 찾았다는 것을 알게 될 것이다. 그리고 그대가 그 길의 끝을 찾았을 때, 그 빛은 갑자기 무한한 빛이 될 것이다.

✍

주_ 모든 경험을 테스트하면서 그것을 찾아라. 이렇게 말했다 할지라도, "감각을 알기 위해서 감각의 유혹에 굴복하라"는 것을 의미하지 않는다는 것을 명심하라. 오컬티스트가 되기 전까지는 그렇게 했을지 모르지만, 오컬티스트가 된 후부터는 결코 그렇게 해선 안 된다. 그대가 길을 선택해서 들어왔을 때, 이러한 유혹들에게 굴복할 때마다 그대는 부끄러운 줄 알아야 한다. 그러나 그대는 이런 유혹들을 공포감 없이 경험할 수 있다.

그대는 그러한 유혹들을 깊게 심사숙고 할 수 있고, 관찰할 수 있으며, 그러한 유혹들이 그대에게 더 이상 영향을 줄 수 없을 때가 올 것이라는 확신에 찬 인내심을 가지고 기다릴 수 있다. 그러나 그 유혹에 굴복하는 사람을 비난하지 마라. 진흙으로 발이 무거워진 형제 순례자에게 그대의 손을 뻗어 주어라.

오, 제자여! 선한 자와 죄지은 자 사이에 거대한 틈이 있지만, 그 선한 자와 지식을 성취한 자 사이에는 훨씬 더 큰 차이가 있다. 그리고 선한 자와 신성의 입구에 서 있는 자 사이에는 헤아릴 수조차 없는 큰 차이가 있다. 그러므로 그대 자신이 일반 대중들과 떨어져 있다고 너무 일찍 생각하지 않도록 경계하라.

그대가 그 길의 시작을 찾았을 때, 그대 혼의 별이 빛을 비출 것이다. 그리고 바로 그 빛에 의해서, 그대는 그 빛이 얼마나 거대한 암흑 속에서 타오르고 있는지를 인식하게 될 것이다. 숭고한 첫 번째 싸움에서 승리하기 전까지는, 그대의 정신, 가슴, 두뇌 모두가 흐릿하고 어두울 것이다. 그 광경을 보고 겁에 질려 공포에 떨지 마라. 그대의 눈을 그 작은 빛에 고정하라. 그러면 그 빛은 커질 것이다.

그대 속에 있는 어둠을 통해서 깊은 우울함 속에 있는 빛을 보지 못하는 사람들의 무력함을 이해하는 데 도움이 되게 하여라. 그들을 비난하지 마라. 그들로부터 뒷걸음치지 말고, 이 세상의 무거운 카르마를 조금이나마 들어 올리려고 노력하라.

어둠의 힘이 완전한 승리를 거둘 수 없도록 막고 있는 몇 안 되는 강한 분들에게 그대의 도움을 주어라. 그러고 나서 기쁨의 동반자 상태 속으로 들어가라. 그 상태는 진실로 무시무시하게 힘든 수고와 말할 수 없이 깊은 슬픔을 가져오면서 동시에 너무나 장엄하며 하염없이 커가는 기쁨을 가져올 것이다.

21. 폭풍우가 지나간 후
침묵 속에서 피어나는 꽃을 찾아라.

그러면 폭풍우가 다 지나간 후에야 비로소 개화할 것이다. 폭풍우가 계속되는 동안, 싸움이 지속되는 동안, 그것은 자랄 것이고, 뻗어 올라 갈 것이며, 가지들과 잎들을 만들 것이고, 꽃봉오리를 맺기 시작할 것이다.

사람의 모든 개성이 분해되어 녹아 사라질 때까지 ― 중대한 실험과 경험을 하기 위한 단순한 실험 재료로, 그 재료를 만들어낸 신성한 파편에 의해서 유지될 때까지 ― 인간의 모든 본성이 상위 자아에게 굴복하여 복종할 때까지, 그 꽃은 개화하지 않을 것이다.

그때가 되면 열대지방에서 폭우가 지나간 후에 오는 그런 고요함이 찾아들 것이다. 바로 그때 대자연은 눈 깜짝할 사이에 작용하기 때문에 대자연의 몸짓을 볼 수도 있다. 이러한 평온함은 매우 지친 혼에게 올 것이다. 그리고 깊은 침묵 속에서 마침내 길을 찾았다는 것을 보여주는 신비스러운 사건이 일어날 것이다. 그것을 무엇이라고 부르건, 그건 바로 '말하는 사람 없이 말하는 목소리'이다. 그것은 형체도 실체도 없이 찾아오는 사자(messenger)이다. 혹은 마침내 개화된 혼의 꽃이다. 그것은 그 어떤 비유로도 묘사될 수가 없다.

그러나 그것은 심지어 맹렬한 폭풍우 가운데서도 느껴질 수 있고,

찾아질 수 있으며, 소망될 수 있는 것이다. 그 침묵은 짧은 순간 지속될 수도 있고, 천 년 동안이나 지속될 수도 있다. 그러나 언젠가는 끝이 날 것이다. 그리고 그대는 그 힘을 지니게 될 것이다. 몇 번이고 되풀이해 싸워서 승리를 얻어야 한다. 대자연은 잠시 동안만 숨을 죽이고 정지할 수 있다.

⚜

주_ 꽃이 개화하는 순간은 지각이 깨어나는 영광스러운 순간이다. 지각의 개화와 더불어 자신감(confidence), 지식, 그리고 확신감(certainty)이 찾아온다. 혼이 잠시 멈춘 그 순간은 경이의 순간이며, 그 다음 만족의 순간은 바로 침묵이다.

오, 제자여! 그 침묵을 지나가서, 평화를 느꼈으며, 그 힘을 간직한 분들, 그 분들은 그대 또한 지나가길 바라고 있다는 것을 알아라. 그러므로 제자가 그 배움의 전당에 들어갈 수 있을 때, 제자는 항상 스승을 찾게 될 것이다.

구하는 자들은 얻을 것이다.

그러나 보통 사람들은 끊임없이 요구하지만, 그들의 목소리는 들리지 않는다. 왜냐하면 그들은 정신(마음)만을 가지고 구하기 때문이다. 그 정신의 목소리는 정신이 활동하는 세계에서만 들린다. 그러므로 이 첫 번째 스물 하나의 규칙을 다 지나간 후에 비로소 구하는 자는 가질 것이라고 나는 말한다.

오컬트적 의미로 읽는다는 것은 영의 눈을 가지고 읽는다는 것이다.

구한다는 것은 내면의 갈망, 즉 영적인 열망의 갈구를 느낀다는 것이다. 읽을 수 있다는 것은 그 갈망을 조금이나마 충족시켜 줄 수 있는 힘을 얻었다는 것이다. 제자가 배울 준비가 되었을 때, 그는 받아들여지고, 승인되며, 인정된다. 그렇게 되는 것이 틀림없다. 왜냐하면 그는 그 자신의 등불을 켰으며, 그 등불을 숨길 수 없기 때문이다.

그러나 장대한 첫 번째 싸움에서 승리할 때까지 배울 수 없다. 정신은 진리를 인식할지 모르지만, 영은 그것을 받아들일 수가 없다. 일단 그 폭풍우를 지나서 평온함을 성취하기만 하면, 그때는 언제든지 배우는 것이 가능하다. 심지어 제자가 주저하고, 머뭇거리거나, 외면하더라도 배우는 것이 가능하다.

‘침묵의 소리’는 여전히 그의 내면에 있을 것이다. 비록 그가 길을 완전히 벗어났다 할지라도, 언젠가는 그 소리가 다시 울려 퍼져서, 그를 산산조각 비틀고, 신성한 가능성들로부터 그의 욕정을 분리시킬 것이다. 이때, 버려진 하위 자아(lower self)로부터 고통과 필사적인 절규를 외치면서 그는 다시 돌아올 것이다.

그러므로 나는 말한다. 그대에게 평화가 함께하길(Peace be with you). "나의 평화를 그대에게 주노라"라는 말은 스승만이 자기 자신처럼 사랑하는 제자들에게 말해 줄 수 있는 것이다. 동양의 지혜에 대하여 무지한 사람들 중에도 이 말을 들려줄 수 있는 자가 있으며, 또 그들에게 매일매일 더욱더 자세히 말해줄 수 있다.

‘세 가지 진리’[*]를 소중히 여겨라. 그것들은 모두 다 똑같이 중요하다.

---

[*] 이 세 가지 진리는 『백연화의 목가(The Idyll of the White Lotus)』 제2권, 8장에 있는 것으로, 이 책은 『도의 길잡이(Light on the Path)』를 지은 힐라리온(Hilarion) 대사(大師)에 의해서 구술된 책이다 – 옮긴이 주.

지금까지 쓰인 것들은 배움의 전당(Hall of Learning)의 벽 위에 쓰여 있는 규칙들 중 첫 번째 부분이다.

구하는 자는 얻을 것이다.

읽고자 하는 자는 읽을 것이다.

배우고자 하는 자는 배울 것이다.

평화가 그대와 함께하길!
(PEACE BE WITH YOU!)

"절대적이고, 결코 잃어버릴 수 없으며, 언어가 빈약해서 침묵하고 있는, 세 가지 위대한 진리가 있다."

"인간의 혼은 불멸하며, 그 혼의 미래는 무한한 성장과 웅대함이 있는 그런 미래이다."

"생명을 주는 그 원리(principle)는 우리 내면에 거주하고, 우리가 없더라도 결코 죽지 않고 영원히 은혜를 베풀어 주며, 들을 수도 볼 수도 냄새 맡을 수도 없지만, 지각하기를 원하는 사람에 의해서는 지각될 수 있다."

"인간 각자는 자기 자신의 절대적인 입법자(lawgiver)이고, 영광이나 우울을 나눠 주는 자(dispenser)이며, 자기 자신의 생명, 보상, 처벌을 정하는 자(decreer)이다."

"이 진리들은 생명 그 자체만큼이나 위대하고, 또한 지극히 단순한 정신을 가진 인간만큼이나 단순하다. 진리에 굶주린 자들에게 주어라."

우리는 신지학을 통해서
무엇을 준비하면서 살아야 하는지 알게 될 것이다.

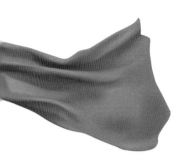

2. '도의 길로 들어간' 제자들을 위한 21가지 규칙

평화인 침묵으로부터 울려 퍼지는 어떤 소리가 솟아날 것이다. 그리고 이 소리가 말할 것이다.

"훌륭하지는 않았다. 하지만 그대는 수확을 걷었다. 이제는 씨를 뿌려야 한다."

그리고 이 소리가 침묵 그 자체라는 것을 알고 그대는 그 소리에 따를 것이다.

이제 제자가 된 그대는 일어설 수 있고, 들을 수 있으며, 볼 수 있고, 말할 수 있다. 그대는 욕망을 정복해서 자기 지식(자각)을 성취했다. 그대는 자기 혼의 꽃이 활짝 피어난 것을 보고 그것을 알아보았으며, 침묵의 소리를 들었다. 이제 배움의 전당으로 가서, 그곳에 그대를 위해서 쓰인 것을 읽어 보아라.

　　주_ 일어설 수 있다는 것은 자신감을 갖게 되었다는 것이다. 들을 수 있다는 것은 혼의 문들을 열었다는 것이다. 볼 수 있다는 것은 지각할 수 있다는 것이다. 말할 수 있다는 것은 다른 사람들을 도와줄 수 있는 힘을 성취했다는 것이다. 욕망을 정복했다는 것은 자아를 어떻게 쓰고 어떻게 통제하는지를 배웠다는 것이다. 자각을 성취했다는 것은 자기 내면의 요새로 물러나 개성의 인간(personal man)을 편견 없이 치우치지 않고 올바르게 볼 수 있다는 것이다.

　　그대 혼의 꽃이 활짝 피어난 것을 보았다는 것은, 결국에는 그대를 인간 이상으로 변형시킬 그 모습을 순간이기는 하나 그대 속에서 힐끗 보았다는 것이다. 알아 보았다는 것은, 마치 소름 끼치도록 무시무시한 유령 앞에 있는 것처럼 공포에 질려 뒤로 물러서지 않고 그리고 시선을 떨어뜨리지 않은 채, 이글거리는 빛을 응시하는 위대한 일을 완수했다는 것이다.

　　이런 일이 사람들에게 종종 일어난다. 그래서 승리를 거의 획득했을 바로 그 순간에 이런 일로 그 승리를 잃어버리고 만다. '침묵의 소리'를 듣는다는 것은 내면으로부터 유일의 진실한 안내자가 온다는 것을 이해한다는 것이다.

　　'배움의 전당'으로 가라는 것은 배움이 가능한 그런 상태 속으로 들어가라는 것이다. 그러면 거기에는 그대를 위하여 많은 가르침들이 쓰여 있을 것이고, 그 가르침들은 그대가 쉽게 읽을 수 있도록 불의 글자들(fiery letters)로 쓰여 있을 것이다. 그래서 제자가 준비되었을 때 스승도 준비가 되어 있다.

1. 앞으로 다가오는 싸움에서 옆으로 비켜 서 있어라.
그리고 비록 그대가 싸우더라도 그대는 전사(warrior)가 되지 마라.

2. 전사를 찾아서 그로 하여금 그대 안에서 싸우게 하라.

3. 싸움에서 전사의 명령을 받아서 그것을 따르라.

4. 그에게 복종하라.

마치 그가 장군인 것처럼 그에게 복종하지 말고, 그가 그대 자신인 것처럼 그리고 그가 하는 말이 그대의 비밀스러운 욕망들을 말하는 것처럼 그에게 복종하라. 왜냐하면 그가 바로 그대 자신이기 때문이다. 그러나 그는 그대보다 무한히 더 현명하고, 무한히 더 강하다.

그를 찾아라. 그렇지 않으면 싸움의 흥분과 혼란 속에서 그대는 그를 지나쳐 가버릴지도 모른다. 그대가 그를 알아보지 못하면, 그는 그대를 알아보지 못할 것이다. 그대의 외침이 주의 깊게 듣는 그의 귀에 들리면, 그때부터 그는 그대 속에서 싸울 것이고 내면의 흐릿한 공허를 꽉 채우게 될 것이다. 그리고 그렇게 되면 그대는 옆으로 비켜서서 그가 그대 대신 싸우도록 하기 때문에, 그대는 냉정하고 지치지 않은 채, 그 싸움을 해 나갈 것이다. 그러면 그대가 날리는 일격이 단 한번도 결코 빗나갈 수가 없다.

그러나 그대가 그를 찾지 않는다면, 그대가 그를 지나쳐 간다면, 그땐 그대를 보호해 줄 호위병이 없게 된다. 그대의 뇌는 현기증을 일으켜 동요할 것이고, 그대의 가슴은 점점 더 불안해 하고, 전쟁터의 먼지 속에서 그대의 시력과 감각들은 그대를 저버릴 것이며, 그대는 친구와 적들을 구별할 수 없게 될 것이다.

그가 그대 자신이다. 그러나 그대는 유한하고 잘못을 저지를 수 있다. 그는 영원하고 확실하다. 그는 영원한 진리이다. 일단 그가 그대에게 들어가 그대의 전사가 되었을 때, 그는 결코 그대를 저버리지 않을 것이다. 장엄한 평화의 날에 그대와 그가 하나가 될 것이다.

5. 생명(삶)의 노래를 들어라.

주 _ 먼저 그대 마음속에서 그것을 찾아서 들어 보아라. 처음에는 "거기에는 그것이 없습니다. 찾아보니 불협화음만 발견했습니다" 라고 말할 것이다. 더욱 더 깊이 찾아보아라. 또 다시 그대가 실망했다면, 잠시 멈춰서 쉰 후에 다시 더 깊이 찾아보아라.

모든 사람의 가슴 속에는 잘 알려져 있지 않은 샘인 자연의 멜로디가 있다. 그것은 드러나지 않고 철저하게 숨겨져 있으며 침묵하고 있다. 그럼에도 불구하고, 그것은 거기에 있다. 그대 본성 바로 그 밑바탕에서 그대는 믿음, 소망, 그리고 사랑을 발견할 것이다.

악을 선택하는 사람은 자신의 혼의 빛에 눈을 멀게 하기 때문에, 자신의 내면을 들여다보기를 거부하고, 자신의 가슴의 멜로디 소리에 귀를 닫아버린다. 그는 욕망들 속에서 사는 것이 훨씬 더 쉽기 때문에 그렇게 한다.

그러나 모든 생명의 밑바닥에는 저지할 수 없는 강력한 흐름이 있다. 실제로는 거기에 장엄한 대해가 있다. 그 대해를 찾아라. 모든 사람이, 심지어 가장 초라한 피조물들까지도, 장엄한 대해의 한 부분이라는 것을 알게 될 것이다. 그가 그러한 사실에 아무리 자신의 눈을 멀게 하고, 자신만을 위해서 소름 끼치도록 무서운 허깨비 같은 외형을 만든다 할지라도, 그는 여전히 그 장엄한 대해의 한 부분이라는 것을 알게 될 것이다.

바로 그런 의미에서 내가 그대에게 말하는 것이다. 모든 존재들은, 비록 그대가 그런 존재들 사이에서 분투하고 있더라도, 신의 일부분들이다. 그리고 그대가 환영 속에서 살고 있으며, 그 환영이 너무 현혹시키기 때문에 다른 사람들의 가슴속에 있는 그 달콤한 목소리를 어디에서 먼저 찾을지 추측하는 데 매우 어렵다.

그러나 그 소리는 분명히 그대 내면에 있다는 것을 알아라. 거기에서 그것을 찾아라. 일단 그 목소리를 한번 듣기만 하면, 그대는 그것을 주위에서 더욱더 쉽게 알아차리게 될 것이다.

6. 그대 기억 속에 그대가 들은 그 멜로디를 잘 간직하라.

7. 그것으로부터 조화(harmony)의 가르침을 배워라.

8. 그대 자신이자 그대 왕인 전사(Warrior)에 복종하면서, 소용돌이 속에서 반석같이 확고하게 똑바로 설 수 있게 되었다.

싸움의 결과에 대해서 더 이상 걱정하지 않고, 오직 전사의 명령을 따르는 것 이외에는 싸움 속에서 무관심하다. 오직 한 가지만 중요하기 때문이다. 즉 전사가 반드시 승리할 것이고, 결코 패배할 수가 없다는 것을 그대는 이미 알고 있기에, 침착하게 깨어 있는 채로 이렇게 서 있으면서, 그대가 고통을 통해서 그리고 그 고통을 파괴하면서 획득한 청력을 사용하라.

그대가 인간인 동안에는 장엄한 노래의 단편들만이 그대 귀에 들려올 것이다. 그 소리를 듣게 되면, 그대에게 들려온 어떤 것도 잊어버리지 않도록 충실하게 기억하라. 그리고 그대를 둘러싸고 있는 신비의 의미를 그것으로부터 배우려고 노력하라.

때가 되면 그대는 더 이상 스승이 필요하지 않을 것이다. 왜냐하면 개개인이 목소리를 가지고 있듯이, 그것도 목소리를 가지고 있다. 개개인은 그 속에 존재하고 있다. 생명 그 자체는 말을 가지고 있으며, 결코 침묵하지 않는다. 그리고 그 말은, 귀먹은 그대가 생각하듯이, 울부짖음이 아니다. 그것은 하나의 노래다. 그것으로부터 그대가 조화의 한 부분이라는 것을 배워라. 그것으로부터 조화의 법칙들에 따르는 것을 배워라.

9. 그대를 둘러싸고 있는 모든 생명들을 진심으로 소중히 여겨라.

10. 다른 사람들의 마음속을 현명하게 관찰하는 것을 배워라.

주 _ 절대적으로 초월적인 관점에서 그렇게 해야지, 그렇지 않으면 그대의 시야는 색깔로 채색된다. 그러므로 먼저 초월성(impersonality)의 의미를 이해해야 한다.

지성(intelligence)은 어느 한편으로 치우치지 않는다. 그 누구도 그대의 적이 아니고, 또한 그대의 친구도 아니다. 모두가 한결같이 그대의 스승들이다. 아무리 많은 세월이 걸리더라도 그대의 적은 그대가 풀어야 하는 하나의 신비이다. 왜냐하면 인간은 이해되어야만 하기 때문이다.

그대의 친구는 그대 자신의 일부분이고, 그대 자신의 연장이며, 풀기 어려운 수수께끼이다. 오직 하나만이 이해하기가 더 어렵다. 바로 그대 자신의 가슴(heart)이다. 개성이라는 속박이 풀리고 나서야 비로소 자아의 심오한 신비를 이해하기 시작할 수 있다. 그대가 그것으로부터 떨어져 옆으로 서 있은 후에야 비로소 그것은 어떤 방법으로든 그대가 이해할 수 있도록 자신을 드러내 보일 것이다.

그때가 되면, 아니 그때가 되어서야 비로소, 그대는 그것을 이해할 수 있으며 안내할 수 있게 된다. 그때가 되어서야 비로소, 그대는 그것의 모든 힘들을 사용할 수 있을 것이고, 그 힘들을 가치 있는 봉사에

쓸 수 있을 것이다.

11. 그대 자신의 가슴(heart)을 가장 진심으로 소중히 여겨라.

12. 왜냐하면 그대 자신의 마음을 통해서, 생명을 밝혀줄 수 있고, 그대 눈에 그 생명을 선명하게 보여줄 수 있는 한줄기의 빛이 오기 때문이다.

사람들의 가슴을 공부하라. 그러면, 그대가 살고 있으며, 또 그대가 한 부분이 되기를 원하는 그 세계가 무엇인지 알 수 있다. 그대를 둘러싸고 있으며, 끊임없이 변하고 움직이는 생명을 소중히 여겨라. 왜냐하면 그것은 사람들의 마음에 의해서 만들어지기 때문이다.

그리고 그대가 그 마음들의 구성과 의미를 이해하는 것을 배워감에 따라서, 그대는 점차로 더욱더 거대한 생명의 말을 이해할 수 있게 될 것이다.

13. 말하는 능력(speech)은 지식을 얻은 후에야 온다. 지식을 성취하라. 그러면 그대의 말문이 열리게 될 것이다.

주 _ 그대가 스스로 어떤 확신을 얻기 전까지는 다른 사람들을 돕는다는 것은 불가능하다. 그대가 가진 힘들을 계발하고 감각을 구속에서 해방시킨 채, 첫 번째 21개 규칙들(제1장)을 터득해서 배움의 전당에 들어갔을 때, 그때 그대는 말문이 솟아오르는 샘이 그대 속에 있다는 것을 발견하게 될 것이다.

여기 13개의 규칙을 끝으로, 이미 쓰인 것에 내가 더 보탤 수 있는 말들이 없다.

나의 평화를 그대에게 주노라.

여기에 있는 규칙들은 나의 평화를 주는 사람들을 위해서만 쓰인 것이다. 내가 쓴 것을 외적인 감각뿐만 아니라, 내적인 감각을 가지고 읽을 수 있는(이해할 수 있는) 사람들을 위해서 쓴 것이다.

14. 내면의(영적인) 감각을 사용할 수 있는 능력을 획득했고, 외적인 감각들의 욕망들을 정복했으며, 개별 혼의 욕망들을 정복해서, 지식을 성취한 제자여! 이제 실재의 길에 들어설 준비를 하여라. 이제야 길을 찾았다. 그 길을 따라 걸어갈 준비를 하라.

15. 흙, 공기, 그리고 물에게 그대를 위해서 그것들이 간직하고 있는

비밀들을 물어 보아라. 그대의 내적인 감각을 계발하면
그대는 그렇게 할 수 있을 것이다.

16. 지구의 거룩한 분들에게 그대를 위해서
그분들이 가지고 있는 비밀을 물어 보아라.
외적인 감각들의 욕망을 정복하면 그대에게 그렇게 할 수 있는
권리가 부여될 것이다.

17. 마음속 가장 깊은 곳에 있는 유일자(One)에게 그대를 위해서
수많은 세월 동안 간직해 왔던 그 마지막 비밀을 물어 보아라.

위대하고 어려운 승리, 즉 개개 혼이 욕망들을 정복하는 것은 수
많은 세월 동안 하는 일이다. 그러므로 많은 세월의 경험이 쌓일 때
까지는 그 보상을 얻기를 기대하지 마라. 이 17번째 규칙을 배울 때
가 오면, 그 사람은 인간 이상의 인간이 될 수 있는 바로 그 경계에
서 있는 것이다.

18. 이제 그대의 것이 된 그 지식은 그대만의 것이다.

왜냐하면 그대의 혼은 모든 순수한 혼들과 하나가 되었으며, 또한

그대의 마음속 가장 깊은 곳에 있는 자와 하나가 되었기 때문이다. 그것은 가장 지고한 분(Most High)이 그대에게 맡긴 신뢰이다. 그것을 저버리거나, 그대의 지식을 오용하거나, 혹은 그것을 소홀히 하게 되면, 그러면 심지어 지금이라도 그대가 성취한 그 높은 경지에서 떨어질 수 있다.

위대한 자들도 그들 책임의 무게를 지탱할 수가 없어서, 그리고 계속 앞으로 나아갈 수가 없어서, 떨어지기도 한다. 그것도 바로 거의 성취하게 된 바로 그 입구에서. 그러므로 바로 이 순간까지 항상 전율과 경외감을 가지고 앞을 보고 싸움에 대비하라.

19. 신성의 입구에 서 있는 자에게는 어떤 법의 틀을 만들 수 없고 어떤 길잡이도 있을 수 없다고 쓰여 있다.
그렇지만 제자를 깨닫도록 하기 위해서,
마지막 분투를 다음과 같이 말할 수 있다.

실체(substance)도, 존재도 가지고 있지 않은 그것을 굳게 움켜쥐어라.

20. 소리 없는 그 소리만을 주의 깊게 들어라.

21. 내면의 감각이나 외면의 감각 모두에게 보이지 않는 그것만을 바라보아라.

평화가 그대와 함께하길!

(PEACE BE WITH YOU!)

"신은 존재하는가?"
"사후 세계는 존재하는가?"
"우리는 어디에서 와서 누구이고 어디로 가는가?"

이러한 본질적인 의문에 대한
해답을 찾도록 도와주는 것이 바로 신지학이다.

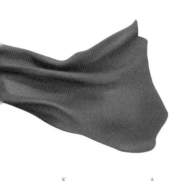

3. '카르마'에 대한 매우 섬세한 단상

개개인의 존재를 시작도 없고 끝도 없는, 무한에서 무한까지 뻗어 있으며 끊어질 수 없는 하나의 밧줄이라고 생각해 보자. 그리고 그 밧줄은 무수히 많은 섬세한 실들로 구성되어 있으며, 그 실들은 매우 빈틈없이 결합되어서 두꺼운 밧줄을 구성한다.

이 실들은 무색이며, 곧음이나 강도 그리고 평평함에서 완벽하다. 모든 곳을 관통해 지나가면서, 이 밧줄은 이상한 뜻밖의 일들을 겪는다. 하나의 실오라기가 걸려서 달라붙게 되거나 혹은 그 밧줄에서 격렬하게 뽑혀져 버리는 일이 매우 잦게 일어난다. 그러면 상당한 시간 동안 그 밧줄의 질서가 어지럽게 되고, 또한 전체의 질서를 혼란하게 만든다.

때때로 먼지나 색으로 얼룩지고, 그래서 그 얼룩은 맞닿은 부분보다 더 많이 퍼져나갈 뿐만 아니라, 또 다른 실들까지 변색시킨다. 그리고 그 실들은 살아 있는 실들이라는 것을 명심하자. 마치 전선처럼 아니 그보다는 진동하는 신경처럼. 그러니 그 얼룩, 즉 뒤틀린 영향이 얼마나 멀리까지 전달되겠는가?

그러나 그 긴 줄(가닥), 즉 끊어지지 않는 연속성으로서 개인을 형성하는 살아 있는 실오라기들은 결국에는 어두운 곳에서 나와 밝은 곳으로 들어가게 된다. 그러면 그 실들은 더 이상 무색이 아니라 황금색으로 빛날 것이다. 다시 한번 그것들은 가지런히 놓이게 된다. 그리고 그 실들 사이에 다시 조화가 이루어지게 될 것이다. 그 내면의 조화로부터 더욱더 장엄한 큰 조화를 인식하게 될 것이다.

이 설명은 단지 작은 부분인 진실의 단면, 아니 진실의 단편보다도 더욱 더 적은 것이다. 그러나 그것에 대해서 곰곰이 잘 생각해 보아라. 이 설명의 도움으로 어쩌면 그대는 더 큰 것을 인식하게 될지도 모른다. 먼저 이해해야 할 필요가 있는 것은, 미래는 현재의 개별적인 행위들에 의해서 제멋대로 형성되는 것이 아니라, 마치 현재와 과거가 끊어지지 않는 연속선상에 있는 것처럼, 미래 전체도 현재와 끊어지지 않는 연속선상에 있다는 것이다. 어떤 면에서 보면, 밧줄의 설명이 옳은 설명이다.

오컬티즘에 대해서 약간의 관심만 두어도 큰 카르마의 결과를 낳는다고 말한다. 왜냐하면 우리가 선과 악이라고 친숙하게 부르는 것 사이에서 분명한 선택을 하지 않고서는 오컬티즘에 대해서 어떤 관심도 둘 수 없기 때문이다.

오컬티즘에서 한 걸음만 내디디면 '지식의 나무'에 가게 된다. 오컬티즘을 공부하는 사람은 그 나무에서 열매를 따서 먹어야만 한다. 그는 선택을 해야만 한다. 그는 더 이상 무지에서 나온 우유부단한 모습을 보일 수가 없다. 그는 선의 길을 가든가, 아니면 악의 길을 가야만 한다. 그리고 명확하게 알고서 두 가지 길 중에 한쪽 길로 한 걸음만 내딛게 되어도 엄청나게 큰 카르마의 결과를 낳는다.

대부분의 사람들은 그들이 향해 가는 그 목표에 대해서 불확실해하며 이리 왔다 저리 갔다 하면서 걸어간다. 그들의 인생에 대한 기준은 명확하지 않다. 그 결과로 그들의 카르마가 혼란스럽게 작용한다. 그러나 일단 지식의 입구에 도달했을 때는 혼란이 줄어들기 시작한다. 그리고 그에 따라서 카르마의 결과들이 거대하게 증가하기 시작한다.

왜냐하면 모든 것들이 서로 다른 계에서 같은 방향으로 움직이기 때문이다. 또 왜냐하면 오컬티스트는 조금이라도 반신반의 할 수 없으며, 일단 그 입구를 넘어서게 되면 되돌아갈 수 없기 때문이다. 이것은 마치 어른이 다시 어린이로 되돌아갈 수 없는 것처럼 불가능한 것이다. 이제는 성장해서, 책임질 수 있는 상태에 도달했으므로 다시는 후퇴할 수 없다.

카르마의 족쇄로부터 벗어나길 원하는 사람은 그 자신의 개체성을 어둠 속에서 일으켜 세워 밝은 곳으로 들어가야 한다. 그는 그의 실오라기들이 때가 묻은 것들과는 더 이상 접촉하지 않도록, 그리고 그 때들이 너무 달라붙어 끌어당기지 않도록 그의 존재를 고양시켜야 한다.

그는 단지 카르마가 작용하는 그 지역으로부터 자기 자신을 들어 올리기만 하면 된다. 그것 때문에 그가 지금 경험하고 있는 존재를 버리는 것은 결코 아니다. 그 바닥은 거칠고 더럽거나, 얼룩지게 하는 꽃가루를 가진 꽃들로 가득 차 있거나, 혹은 달라붙어서 애착물로 되어버릴 달콤한 것들로 가득 차 있을지 모른다. 하지만 머리 위에는 항상 자유롭고 장애가 없는 하늘이 있다.

카르마를 없애기를 원하는 사람은 하늘을 보고 자신의 집을 찾아야 한다. 그리고 그 다음에는 에테르(Ether)를 보고 자신의 집을 찾아라. 좋은 카르마를 만들기를 원하는 사람은 많은 혼란과 대면해야 할 것이다. 그리고 그 자신이 수확하기 위해서 좋은 씨를 뿌리려고 노력할 때, 수천 가지 잡초들을, 심지어는 거대한 잡초를 심게 될 수도 있다.

그대 자신의 수확을 위해서 씨를 뿌리지 마라. 그 열매가 이 세계를 양육할 수 있는 그런 씨만을 뿌려라. 그대는 이 세계의 한 부분이다. 이 세계에 양분을 줌으로써 그대는 그대 자신을 기르는 것이다. 그러나 심지어 이런 생각 속에서조차도 제자가 직면하게 될 거대한 위험이 도사리고 있다. 즉 오랫동안 제자 자신이 선을 위해서 일해왔다고 생각하지만, 그의 가장 깊은 내면의 혼속에서는 단지 악만을 인식해 왔다. 말하자면, 그 자신이 이 세상에 많은 보탬이 되려고 의도해 왔다고 생각하지만, 이와는 반대로 그는 항상 무의식적으로 카르마에 대한 생각을 품고 있었다.

　　그래서 그가 큰 보탬을 위해서 일했다는 것은 결국 자기 자신을 위해서 일했다는 것이다. 사람은 자신이 보상에 대해서 생각하고 있다는 것을 인정하지 않으려 한다. 그러나 부인하는 바로 그 속에서 보상을 바라고 있다는 사실을 볼 수 있다. 그리고 제자가 자신을 억제함으로써 배우려고 노력하는 것도 소용없는 일이다.

　　혼은 구속에서 해방되어야 하고, 욕망은 자유로워야 한다. 그러나 그것들이 보상도 처벌도 없으며, 선도 악도 없는 그런 상태에 고정될 때까지는 아무리 노력해 봤자 모두가 허사다. 큰 진전을 이루고 있는 것처럼 보일지도 모른다. 그러나 그는 언젠가 자신의 혼과 정면으로 마주서게 될 것이다. 그리고 그가 '지식의 나무'에 도달했을 때, 자신은 달콤한 것이 아닌 쓰디 쓴 과실을 선택했다는 것을 알게 될 것이다.

그러면 결국 베일은 걷히게 될 것이고, 그는 자신의 자유를 포기하게 될 것이며, 욕망의 노예가 될 것이다. 그러므로 오컬티즘의 삶으로 향하는 자, 그대는 경계해야 한다. 보이지 않고 소리도 없는 그것에 그대의 시야와 청각을 고정하는 것을 제외하고는, 아무것도 없다는 것을 알아야 한다. 욕망을 치유하고, 보상에 대한 바람과 갈망의 비참함을 치유할 수 있는 것은 아무것도 없다는 것을 말이다. 지금부터 배워라. 지금부터라도 실천에 옮겨라. 그러면 수천 마리의 뱀들이 그대의 길을 막지 않을 것이다. 영원 속에서 살아라.

카르마의 실제 법칙들의 작용에 대해서는 제자가 더 이상 카르마로부터 영향을 받지 않을 지점에 도달했을 때 비로소 배울 수가 있다. 입문자(initiate)는 대자연의 비밀을 요구할 권리가 있으며, 인간사를 지배하는 규칙들을 알 권리가 있다. 그는 대자연의 제한과 인간사를 지배하는 규칙들로부터 그 자신을 자유롭게 함으로써 이러한 권리를 획득했다.

그는 이제 인정받은 신성한 요소의 한 부분이 되었다. 그리고 더이상 일시적인 것에 의해 영향을 받지 않는다. 그는 덧없는 상태들을 지배하는 법칙에 대한 지식을 얻는다. 그러므로 카르마의 법칙을 이해하길 원하는 그대는 먼저 그대 자신을 이러한 법칙들로부터 자유롭게 하라. 그리고 이것은 이런 법칙들에 의해 영향을 받지 않는 바로 그것에 그대의 주의를 고정시킴으로써만 할 수 있는 것이다.

이 책과 인연이 닿는 독자들도
나와 같은 울림의 파장을 경험하길

누구나 살아가면서 한번쯤은 삶의 본질적인 것들에 대한 의문을
갖는다. 그런 의문에 대한 답을 찾고자 시작한 여정에서 잠깐 잠깐
작은 정거장을 지나쳤지만, 우연한 기회에 『침묵의 소리』를 접하면
서 종착역에 도착했다는 느낌을 갖게 되었다. 이 글에서 퍼져 나오
는 떨림은 일시적인 그런 울림이 아니었다. 이 가르침에 대한 탐구
를 본격적으로 시작하게 되었고, 그렇게 지난 22년 넘게 이론과 실
천, 경험을 해오면서 확신이 생겼다.

우리나라에는 '신지학(Theosophy)'이 '신성한 학문' 혹은 '신들의
가르침'이라는 의미로 알려졌다. 하지만 '신(神)'이라는 이름이 들어
가 있어서 많은 사람들이 신지학을 '접신' 혹은 '귀신' 같은 것을 다
루는 사이비 종교로 오해하고 편견을 갖게 되었다.

이런 편견의 힘이 얼마나 강한지, 사람들의 생각을 얼마나 뒤틀리
게 만드는지 너무 많이 보아왔기에, 이제는 그런 편견과 오해를 바

로 잡을 필요가 있고, 잘못 전해진 가르침을 올바르게 전할 필요가 있다는 생각에서 가장 기본이 되는 가르침부터 알리기로 했다.

여기 소개하는 세 권의 소책자들, 『침묵의 소리』, 『스승의 발아래서』, 『도의 길잡이』를 처음 접했을 때, 나도 모르게 나오던 그 감탄사가 지금도 생생하다. 그리고 이 책들은 삶에 지쳐서 무뎌지는 초심의 마음을 다잡기 위해서 다시 기본으로 돌아가고자 할 때, 반복해서 열어 보고 참고하는 가르침 중 하나이기도 하다. 그 울림의 파장이 여전히 지속되고 있고, 본인이 경험했던 것을 이 책과 인연이 닿는 독자들도 경험하길 바라는 마음에서 번역하게 되었다.

이 가르침을 통해서 본인이 받았던 큰 축복을 독자들도 더 크게 받기를 바라면서 이 글을 마치고자 한다.

2016년 12월
스로타파티[**]

[**] 스로타파티(Srotapatti)는 '시냇물에 들어간 자'라는 뜻의 산스크리트어로 옮긴이의 필명이다. 그 의미는 '니르바나'라는 무궁한 대해로 흘러가는 그 시냇물에 들어갔다는 것이다. 작은 시냇물이 흘러서 강으로 가서 다시 망망대해로 흘러 들어가듯이, 신지학 혹은 영원한 지혜를 만나서 앞으로 몇 생이 걸릴지 모르지만, 조금 빠르게 언젠가는 '니르바나'라는 망망대해로 들어가길 소망하는 옮긴이의 염원이 담겨 있다(편집자 주).

지난 12월 13일, 갑자기 '돌아올 수 없는 여행'을 떠나신
어머니를 기억하면서 이 책의 편집을 마친다.

이 지구라는 별에서 맺은 인연이
누구나, 언젠가는 반드시 끝이 나지만
우리는 단지 또 다른 여행을 할 뿐이다.

내게도 이 책은 큰 위로가 되었다.
그 누군가에게도 작은 위안이 되기를 바란다.

- 편집자

운명의 바람 소리를 들어라

초 판 1쇄 인쇄 | 2017년 1월 4일
초 판 1쇄 발행 | 2017년 1월 13일

지은이 | 헬레나 P. 블라바츠키 / 지두 크리슈나무르티 / 마벨 콜린스
옮긴이 | 스로타파티
펴낸이 | 조선우 • 펴낸곳 | 책읽는귀족

등록 | 2012년 2월 17일 제396-2012-000041호
주소 | 경기도 고양시 일산동구 장백로 19
(백석동, 더루벤스카운티 901호)

전화 | 031-908-6907 • 팩스 | 031-908-6908
홈페이지 | www.noblewithbooks.com
E-mail | idea444@naver.com

출판 기획 | 조선우 • 책임 편집 | 조선우
표지 & 본문 디자인 | twoesdesign

값 16,000원
ISBN 978-89-97863-71-6 (03210)

이 도서의 국립중앙도서관 출판예정도서목록(CIP)은
서지정보유통지원시스템 홈페이지(http://seoji.nl.go.kr)와
국가자료공동목록시스템(http://www.nl.go.kr/kolisnet)에서
이용하실 수 있습니다.(CIP제어번호: CIP2016032580)